СТОЯНКА БО[illegible]

МИНКО [illegible]ЕВ

STOIANKA BOIANOVA
& MINKO TANEV

ПЪТ ПРЕЗ СВЕТОВЕ
ROAD THROUGH WORLDS

ISBN: 978-81-8253-698-2

First Edition: 2021
Rs. 200/-

Cyberwit.net
HIG 45 Kaushambi Kunj, Kalindipuram
Allahabad - 211011 (U.P.) India
http://www.cyberwit.net
Tel: +(91) 9415091004
E-mail: info@cyberwit.net

Printed at Thomson Press India Limited.

СЪДЪРЖАНИЕ
CONTENTS

Въведение Introduction 4

СТОЯНКА БОЯНОВА / STOIANKA BOIANOVA

ОЗАРЕНИ ПРОСТРАНСТВА / ILLUMINATED SPACES

Нюанси на светлината

Nuances of the light 11

Ретроспекции Retrospections 28

Часът на росата The hour of dew 49

МИНКО ТАНЕВ / MINKO TANEV

ФОРМИ И ФЛУИДИ / FORMS AND FLUIDS

Бряг на любовта Coast of the love 71

Нощни ракурси Night foreshortens 85

Сбъднати видения Fulfilled visions 106

Вместо послеслов Instead afterwards 134

ВЪВЕДЕНИЕ

Стоянка Боянова и Минко Танев са тандем в живота и в поезията. Двамата се срещат в литературните клубове на един от най-старите градове в света – Пловдив, България. Стоянка учи физика, Минко - българска филология. Чувстват взаимна симпатия, без да бъдат близки. Пътищата им се разделят. Отново се виждат след 25 години на събрание на Съюза на българските писатели в София. В момента на срещата Стоянка Боянова работи като главен експерт в Българския институт по метрология, София. Издала е 9 стихосбирки, роман и сборник с къси разкази. Редактирала е книги и речници. Минко Танев е преподавател по български език на чуждестранни студенти в Медицинския университет - Пловдив. Редактор във в. „Академия медика". Редактирал над 70 книги. Автор на 6 стихосбирки. Както е казано в електронния сайт Konect E-ZINE: „Срещнахме се по средата на нашата легенда, когато душата е уморена, но мъдра". Пътищата им се сливат. Пишат, превеждат и участват активно в глобални литературни и хайку общества. Публикуват в антологии и издания: Япония, Филипини, Индия, Китай, Виетнам, Русия, Румъния, България, Северна Македония, Сърбия, Хърватска, Полша, Германия, Франция, Англия, САЩ, Аржентина, Нигерия, ЮАР. Стоянка е в европейския Топ 100 на най-креативните хайку автори. Двамата са в антологията на най-добрите световни поети, 2019 г., Temirqazyq, Съюз на писателите на световните нации, включени са в „Songs of Peace" – World's Biggest Poetry Anthology, 2020 – най-голямата съвременна световна антология, ATUNIS GALAXY ANTHOLOGY– 2020, 2021 - антология на съвременната световна поезия, „Първата, втората и третата антология на световното гогьоши", в антологии „Световно хайку". С награди от „Първия световен конкурс за поезия на вестници и телевизии", 2020, Китай.

През 2019 г. издават съвместна двуезична книга „Върхове под звездите"/Tops Under the Stars, Cyberwit.net, Индия. Настоящият сборник „Път през светове" включва стихове от световни, планетарни и глобални антологии, както и спечелили награди в международни конкурси: GLOBAL LITERARY SOCIETY, LITERATURE LOVERS' ASSOCIATION, POEMarium, POETRY PLANET, KONECT E-ZINE, BRAINBUD, WORLD NATIONS WRITERS' UNION, ROSAS Y ORQUÍDEAS POÉTICAS и др. предимно през 2019 и 2020 г.

За творчеството им Негово превъзходителство, посланика на мира и литературата, професор, д-р Джоузеф С. Спенс-старши САЩ (майстор на Epulaeryu) пише: „Уникалните им думи са насърчаващи, възвисяващи и стимулиращи сетивата и живота. Те, двамата, са най-възвишени хайку поети, които някога съм познавал от тази част на света в усилията им да издигнат човечеството в световен мащаб с думи на вдъхновение и милост. Тяхната мотивация, положителна нагласа и вътрешно оплодено творчество са извън нормалното разбиране на другите." („Тадж Махал Ревю", брой 19, декември 2019, Cyberwit)

INTRODUCTION

Stoianka Boianova and Minko Tanev are a tandem in life and in poetry. The two meet in the literary clubs of one of the oldest cities in the world - Plovdiv, Bulgaria. Stoianka studies physics, Minko - Bulgarian philology. They feel mutual sympathy without being close. Their paths divide. They are seen again after 25 years at a meeting of the Union of Bulgarian Writers in Sofia. At the moment of the meeting Stoianka Boianova works as a Chief expert at the Bulgarian Institute of Metrology, Sofia. She has published 9 collections of poems, a novel and a collection of short stories. She has edited books and dictionaries. Minko Tanev is a lecturer in Bulgarian language to foreign students at the Medical University, Plovdiv. Editor of the Academia Medica newspaper. He has edited over 70 books. Author of 6 poetry collections. As indicated on the Konect E-ZINE website: "Meet we in the middle of your story, when the soul is worn but wise". Their paths merge. They write, translate and actively participate in global literary and haiku societies. Published in anthologies and editions: Japan, Philippines, India, China, Vietnam, Russia, Romania, Bulgaria, Northern Macedonia, Serbia, Croatia, Poland, Germany, France, England, USA, Argentina, Nigeria, South Africa. She is in the European Top 100 of the most creative haiku authors.

The two are in the anthology of the world's best poets, 2019, Temirqazyq, Union of Writers of World Nations, included in "Songs of Peace" - World's Biggest Poetry Anthology, 2020, ATUNIS GALAXY ANTHOLOGY - 2020, 2021 - anthology of contemporary world poetry, "The first, second and third anthology of world gogyoshi", in anthologies "World Haiku". With awards from The First "World Newspaper Poetry TV Competition", 2020, China. In 2019 they published a joint bilingual book "Tops Under the Stars", Cyberwit.net, India.

This collection "Road through Worlds" includes poems from world, planetary and global anthologies, as well as award-winning international competitions: GLOBAL LITERARY SOCIETY, LITERATURE LOVERS 'ASSOCIATION, POEMarium, POETRY

PLANET, KONECT E-ZINE, BRAINBUD, WORLD ROSES AND ORTHODOUS POETICS and others mostly through 2019 and 2020.

About their work, His Excellency, Ambassador of Peace and Literature, Professor, Dr. Joseph S. Spence Sr. USA (Master of Epulaeryu) wrote: "Their unique words are inspiring, uplifting, and stimulating to the senses and life. They are the two greatest haiku poets I have ever know from that part of the world in their efforts to uplift worldwide humanity with words of inspiration and endearment. Their motivation, positive attitudes, and internally generated inventiveness is beyond the normal comprehension of others." (Taj Mahal Review, VOL. 19, NUMBER 2, December 2019, Cyberwit)

НАШАТА ИСТОРИЯ

Стоянка Боянова & Минко Танев

„Срещнахме се по средата на нашата легенда, когато душата е уморена, но мъдра.”

Стоянка:

Пътувам към теб, очакван мой любими.
На крилете си влакът ме носи, над облаците.
Ще се срещнем в града под тепетата, под звездите -
да разлистим романа на живота си.
Интуицията ми подсказва, че ще бъдем заедно
в избрано от Бога време на Земята.

Минко:

Бяхме на ръка разстояние в храма на блянове́те.
Усещах вибрации помежду ни.
Виждах усмивката ти през мен към вселената.
Дълго се губехме в превода на емоциите –
изминали бяха векове и епохи.
И тогава те открих за новия ни съдбовен прочит.

Съвместното стихотворение е спечелило Първо място в глобално поетично общество Konect E-ZINE, седмично предизвикателство, 29 юни, 2020, тема: „Срещнахме се по средата на нашата легенда, когато душата е уморена, но мъдра.”

Стихотворението на Стоянка Боянова в разширен вариант е с награда ЗЛАТНО ПЕРО, Поетично обединение POEMarium, конкурс № 44, тема: „Проза или поезия”;

Стихотворението на Минко Танев в разширен вариант е с награда СИНЬО ПЕРО от Поетично обединение POEMarium, конкурс по цитат № 11, тема: „Поезия е онова, което се губи при превода“ – Робърт Фрост и СЕРТИФИКАТ за отлични резултати в "Световния ден на поезията", Сан Джулиано ди Пуля, Италия, ROSAS Y ORQUÍDEAS POÉTICAS

OUR STORY

by Stoianka Boianova & Minko Tanev

"Meet me in the middle of your story, when the soul is worn but wise."

Stoianka:

I am traveling to you, my expected beloved man.
The train carries me on its wings, over the clouds.
We will meet in the city below the hills, under the stars
to tell you the novel of my life.
My intuition tells - we will be together in God-chosen time on the Earth.

Minko:

We were within a hand distance in the temple of dreams.
I could feel vibrations between us. Your smile was rising through me to the universe.
For a long time we were losing ourselves in the translation of emotions - centuries and epochs have been passed.
And then I discovered you for our new fateful reading.

FIRST PLACE for a collaborative poem, Konect E-ZINE, Weekly Challenge, topic: "We met in the middle of our story, when the soul is tired but wise", 29 June, 2020;

Stoianka Boianova's poem in an extended version has an award from GOLDEN QUILL, POEMarium, competition № 44, topic: "Prose or poetry";

Minko Tanev's poem in an extended version has received awards from Poetic association POEMarium , poem based on quote № 11, theme: "Poetry is what is lost in translation" - Robert Frost, BLUE QUILL and CERTIFICATE of Excellence at World Poetry Day, San Giuliano di Puglia, Italy, ROSAS Y ORQUÍDEAS POÉTICAS

СТОЯНКА БОЯНОВА / STOIANKA BOIANOVA

ОЗАРЕНИ ПРОСТРАНСТВА

ILLUMINATED SPACES

ПРЕЗ ВЕКОВЕТЕ

Срещнахме се, когато Бог създаде световете,
и изпълни материята с любовта си.
После се изгубихме, защото ни разпръснаха
по краищата на вселената.
Аз оттогава пазя спомена за теб. Оттогава хиляди пъти изгряваше
слънцето. Оттогава хиляди пъти залезе луната.
Хиляди дни бях те очаквала,
хиляди нощи бях те бленувала...
На колко планети съм те потърсила.
Колко галактики с плам съм пребродила...
Когато се срещнахме - светлината избликна.
Светът се разшири и в него останахме Бог, ти и аз.

В антология на съвременната световна поезия, ATUNIS GALAXY ANTHOLOGY, 2021;
ЧЕРВЕНО ПЕРО, POEMarium, конкурс № 61, тема: „ОГЪН ОТ ЖЕЛАНИЕ", стихотворение от 8 до 16 реда

THROUGH THE AGES

We met when God created the worlds,
and filled them with His love. Then we got lost because we were scattered
in the edges of the universe.
I have kept the memory of you since that time.
Since then, the sun has been rising thousand times,
the moon has been going down thousand times.
I've been waiting for you thousand days,
thousand nights I've been dreaming of you ...
On how many planets I've searched for you.
How many galaxies I have passed with flame ...
When we met again, the light erupted.
The world has expanded, in it were God, you and me.

In ATUNIS GALAXY ANTHOLOGY, anthology of contemporary world poetry, 2021;
RED QUILL, POEMarium, POETIC PARLEY – 61, Motif: „FIRE of DESIRE ", poem from 8 to 16 lines

ПОВИК

Земята се къпе в цветове и ухания.
Влюбени птици възхваляват живота.
Аз те викам в нощта. Над главата ми – цъфнали клони на люляк,
розови ябълки, златиста луна. Аз те викам телепатично, а вселената
чува гласа ми.
Представям си как си се втурнал от онази галактика при мене да
дойдеш
в тази цъфнала вечер,
как пристигаш от брега на вселената
да посрещнем пролетта на земята. Световете очакват да се върнем при
радостта, при безсмъртните истини
на нашите създатели от висшите сфери -
да разберем дали сме пораснали за живот по-възвишен.

В планетарната антология REWRITE THE STARS/ПРЕНАПИШЕТЕ ЗВЕЗДИТЕ, POETRY PLANET, Колумбия, САЩ , 2020;
НАГРАДА, KONECT E-ZINE, съкратена версия, осемстишие, юни 2020

INVOCATION

The earth bathes in flowers and scents.
Birds in love praise the life.
I invoke you in the night.
Over my head - blooming lilac branches,
pink apples, the golden moon. I summon you telepathically, and the universe
hears my voice..

I imagine how fast you come to me from the galaxy on this blooming
evening,
how you arrive from the universe shore to welcome the spring on the Earth,
which the stellar worlds have been waiting from us, we to return into joy,
more closer to the immortal roots of our creators,
to the lofty spheres,
to discover if we have grown up
for a more Higher life.

In planetary anthology REWRITE THE STARS, POETRY PLANET, Columbia, USA , 2020;
AWARD, KONECT E-ZINE, abridged version, eight verses, June 2020

МЕЧТАНИЕ

Мечтая да долетя с ветреца до твоя прозорец, да те погаля в съня ти, да погаля всички мили същества на планетата, да им благодаря, че са такива.
Мечтая...
Съзнанието ми разчита мислите ти с полъха от върха на планината, с ароматни цветове в предпролетната вечер, с тиха нежна музика – под прозореца влюбени са спрели, шептят и се целуват,
луната мълчаливо свети над всички.
Мечтая...
Ти бе откраднал съня ми.

В планетарната антология REWRITE THE STARS/ПРЕНАПИШЕТЕ ЗВЕЗДИТЕ, POETRY PLANET, Колумбия, САЩ , 2020

DREAMS

I would desire to reach your window with the breeze.
to kiss you in your sleep, I dream to be kind with all gentle creatures on the planet,
to thank them for being like that.
I dream ...
My mind captures your thoughts -
with the whiff from the mountain tops,
with aromatic from flowers on the spring evening,
with loving music -
under the window the lovers whisper and kiss each other.
The moon silently shines over all.
I dream ...
You stole my sleep.

In planetary anthology REWRITE THE STARS, POETRY PLANET, Columbia, USA , 2020

ТРАЕКТОРИИ

Изгреви и залези.
Забележителна е орбитата ни, сред пътищата във вселената.
Реката слиза синусуидално по баира.
На кръгове се вият щъркели. Дъжд вертикално пада.
Светкавица зигзагообразно слиза.
Завиват мислите, емоциите, чувствата.
А ти вървиш към мен направо - през всичките препятствия да ме прегърнеш.

СИНЬО ПЕРО, POEMarium, конкурс № 61, тема: „Поезията е изкуството да обединяваш удоволствието с истината" - Самюъл Джонсън, стихотворение от 8 до 12 реда

TRAJECTORIES

Sunrises and sunsets.
Our common orbit is remarkable, among the universe.
The river goes down the hill sinusoidal.
The storks spin in circles. The rain is falling vertically.
Lightning falls zigzagged.
Thoughts, emotions, feelings turn.

Only you are in a hurry straight to me – through all obstacles
to hug me.

BLUE QUILL, POEMarium, QUOTE-POEM 12, Motif: "Poetry is the art of uniting pleasure with truth." - Samuel Johnson, poem from 8 to 16 lines

ГЛАСЪТ НА ДУШАТА

Запомних какво ми казаха ръцете ти. Шепотът им бликаше от дълбините на душата. От далечни времена. От предишни прераждания. Докосваха ме

през бури и слънца, през преспи и знамения... Шепотът им беше толкоз истински и всяка клетка в мене се пробуди. Най-после бе дошъл денят да бъдем заедно сред висините на планетата Земя, където нежността успява да е съвършена, където любовта е дар от Боговете и възобновява живота във вселената.

Спряла съм сред фееричните цветя в градината – благодарна, възродена от ласката на твоите ръце.

В антология на съвременната световна поезия, ATUNIS GALAXY ANTHOLOGY, Demer Press, 2020; В планетарната антология THE WAY WE WERE/ „ПЪТЯТ, НА КОЙТО БЯХМЕ", POETRY PLANET, 2020

THE VOICE OF THE SOUL

I remembered what your hands told to me.
Their whisper gushed from the depths of the soul.
From distant times.
From previous incarnations.
They touched me
through storms, through suns,
through snowdrifts, through omens …
Their whisper was so real,
that every cell in me was awaken.
At last, the day has come to be together
among the heights of the planet Earth,
where tenderness manages to be perfect,
where love is a gift from the Gods
and it revitalizes life in the universe.
I stand among the fairy flowers in the garden –
grateful, revived
from what your hands
have told to me.

In ATUNIS GALAXY ANTHOLOGY, anthology of contemporary world poetry, Demer Press, 2020;
In planetary anthology THE WAY WE WERE, POETRY PLANET, 2020

ПРЕСТРУВКА

„Честит е всеки, който с теб походи сред множеството в хорските тълпи. " – ми каза.
Разбирах, че е някаква уловка,
но се оставих, да се заблудя,
прекрасни рицарю на моята душа.

ЗЛАТНА ЗВЕЗДА, LITERATURE LOVERS' ASSOCIATION, конкурс № 75, тема: „Преструвка", стихотворение до 24 думи

PRETENSE

"Everyone who walks through the crowd with you is happy." - you say.
I know you pretend,
but I like your catch, beloved my friend.

GOLD STAR, LITERATURE LOVERS' ASSOCIATION, Contest # 75, Topic: "Pretense", poem till 24 word

*

Колко хубаво говориш под восъчната пита на луната!
От устните ти мед прокапва. Магнетично ме привличаш под рояци от звезди.

ЗЛАТНА ЗВЕЗДА от LITERATURE LOVERS' ASSOCIATION, конкурс № 86, тема: „Мед", стихотворение до 24 думи, от 4 до 8 стиха, максимум 6 думи на ред

*

How well you speak
under the honeycomb on the moon!
Honey is dripping from your lips.
You attract me magnetically under swarms from stars.

GOLD STAR from LITERATURE LOVERS' ASSOCIATION, Contest # 86, Topic - "Honey", for a poem up to 24 words, from 4 to 8 verses

АВАТАР

Не разказах за теб на реката,
щеше да го сподели с гората и морето.
Не разказах за теб на вятъра –
щеше да раздуха думите в пространството.
Не разказах за теб на славея – щеше да изпее песен на птиците.

Влюбеното ми сърце биеше силно. Толкова силно, че го чу сърцето на Земята.
Земята се завъртя по-весело,
реката зашумя по-игриво,
птиците запяха по-влюбено, вятърът се издигна до небето.

Докато разбера какво се случва, усетих твоето сърце да бие с моето,
докато се опомня,
ти ме прегърна.

В антология на съвременната световна поезия, ATUNIS GALAXY ANTHOLOGY, 2021

AVATAR

I didn’t tell the river about you,
it would share it with the forest and the sea.
I didn’t tell the wind about you –
it would blow the words into the space.
I didn’t tell the nightingale about you –
it would sing it in a song to the birds.
My heart was beating strongly.
So loud that the heart of the Earth heard it.
Earth began to turn more merrily,
the river noise became more playful,
the songs of the birds sounded more in love,
the wind was up lifting to the sky.
Until I find out what’s going on,
I felt your heart beating next to mine,
while I was returning to reality,
you hugged me.

In ATUNIS GALAXY ANTHOLOGY, anthology of contemporary world poetry, 2021

ПОСВЕЩЕНИЕ

Ти, който вървиш скромно по пътя си
и дочуваш сърцето на Земята,
и долавяш въртенето на планетите,
и усещаш пулса на звездите;
ти който си звезден жител
и искаш със светлина да пишеш;
ти, който не си забравил,
че сме създадени по подобие Божие
и мечтаеш Божествено да се обичаме,
и бленуваш да се завърнем в рая,
да сме там, за където сме създадени;
ти който... ако наистина съществуваш
и аз те последвам
и други ако натам са поели,
и други...
Ще се завърнем на земята свещена,
ще бъдем на земята бленувана,
ще бъдем там,
където богоподобните
живеят с Боговете.

В антология на съвременната световна поезия, ATUNIS GALAXY ANTHOLOGY, Demer Press, 2020

DEDICATION

You who walk modestly on your path
and hear the heart of the earth,
and you sense the rotation of the planets,
and you feel the pulse of the stars;
you who are a star inhabitant
and you want to write with light;
you who have not forgotten,
that we were created in the likeness of God
and you dream we go back to Paradise,
to be there where we were created for;
you, who … if you really exist
and I follow you,
and others if they followed you there,
and others…

We will return to the sacred earth,
we shall be in the dreamed land,
we will be there, where the godlikes
live with the Gods.

In ATUNIS GALAXY ANTHOLOGY, anthology of contemporary world poetry, Demer Press, 2020

ПРИТЧА

Бог ни дари плод от обетованата земя – леко кисел, леко горчив, леко тръпчив, със свеж аромат – плод – като живота.
Поделихме го.

В нас се разля любов.
Ти усети, че аз придобивам вкус на мляко и мед,
ти се изпълни с аромат на ядки и препечен хляб.
В нас се вля любов с привкус на шоколад за вечност и безкрай.
Благословени от Боговете.
Благодарим!

В „ХЛЕБ НАШ НАСУЩНИЙ...“ антология на славянските поети, България, 2019;
В антология SCENTSIBILITY / „АРОМАТИ”, издателство GMGA Publishing and Pixel & Feather Graphic Designs & Digital Services, Филипини, 2020

PARABLE

God gave us a fruit from the Promised Land -
slightly sour, slightly bitter, slightly tart -
with fresh scent, a fruit - like the life.

We shared it.
Love spills over into us.
You feel that I acquire taste of milk and honey. I sense - you are filling up with aroma of nuts and toast.
Love flows into us with a taste of chocolate for eternity and infinity.

Blessed by God we thank Him!

In "BREAD OUR VITAL ...", anthology of Slavic poets, Bulgaria, 2019;
In SCENTSIBILITY Anthology, GMGA Publishing and Pixel & Feather Graphic Designs & Digital Services, Philippines, 2020

ДОБРОДЕТЕЛ

Звездите са блестящи острови от топлина,
разпръснати в студените пространства.
Към тебе бързам мое топло островче, към теб и обичта ти.

БРОНЗОВА ЗВЕЗДА, LITERATURE LOVERS' ASSOCIATION, конкурс № 68, тема: „Добродетел", стихотворение до 24 думи

VIRTUE

The stars are shine islands of heat scattered in the cold spaces.
I'm rushing to you, my virtue island, to you and your love.

BRONZE STAR, LITERATURE LOVERS' ASSOCIATION, # 68, motif: VIRTUE, poem till 24 words

СРАВНЕНИЕ ИЛИ МЕТАФОРА

На всичко те оприличавах, преминеше ли някога край мен: забързан вятър с аромат на люляци,
далечно слънце и небе възвишено.

Днес,
когато сме двама,
твоята уникалност е несравнима.
Ти си морският бриз
през светове и епохи.
Моята райска градина тук, на Земята,
Живителен изгрев, стоплил живота и същността ми.
Ти си небето на моите блянове.
Благословен завинаги бъди!

ЧЕРВЕНО ПЕРО, POEMarium, конкурс № 46, тема: „Сравнение или метафора", стихотворение от 8 до 16 реда;
В антология SCENTSIBILITY /„АРОМАТИ", издателство GMGA Publishing and Pixel & Feather Graphic Designs & Digital Services, Филипини, 2020

SIMILE OR METAPHOR

Sometime, when you were passing by me,
I could compare you to almost everything:
you were like a fast wind,
who brings the aroma of a lilac garden,
you were like a distant sun, like a high sky.

Today, when you are with me,
I cannot compare your uniqueness with anything.
You are the only wind
that carries me through worlds and epochs.
You are my garden of paradise, here, on the Earth,
the living sun, that warmed my life and my essence.
You are the sky of my dreams and reality. Be blessed!

RED QUILL, POEMarium, Poetic Parley # 46, poem from 8 to 16 lines, motif: "Simile or Metaphor"; In SCENTSIBILITY Anthology, GMGA Publishing and Pixel & Feather Graphic Designs & Digital Services, Philippines, 2020

ТРЕПЕТНИ ПЪТИЩА

В стаята всичко напомня за нас – светлите ни отражения, ефирните думи,
въздухът, нажежен от страсти.

Пред нас блестят пътят, градът на тепетата.
Любовта фотографира миг на тръгване, миг на посрещане, тръгване и връщане...

Движението наподобява пулса на сърцата ни.

ЧЕРВЕНО ПЕРО, POEMarium, конкурс № 47, тема: „Поетизирането – професия или страст?", стихотворение от 8 до 16 реда

VIBRATING ROADS

Everything reminds for us in the room -
our bright reflections, ethereal words,
the air are glowing with passion.

The city on the hills shines before us.
Our love keeps
poetic moments of departure, passionate moments of welcome,
departure, return...

The movement is reminiscent the pulsation of our hearts.

RED QUILL, POEMarium, Poetic Parley # 47, poem from 8 to 16 lines, motif: "Poetising - Profession or Passion?"

*

Невероятен си.
Когато те прегръщам, докосвам сякаш себе си. Трансформираме се в ново значимо същество,
подчинено на космическия ритъм.

ПЛАТИНЕНА ЗВЕЗДА, LITERATURE LOVERS' ASSOCIATION, конкурс № 85 за стихотворение по илюстрация, до 24 думи, от 4 до 8 стиха, максимум 6 думи на ред, тема: „Важен/Значим"

*

You're incredible!
When I hug you -
as if I'm touching myself.
We transform ourselves - we form a new important being, subordinate to cosmos rhythm.

PLATINUM STAR ,LITERATURE LOVERS' ASSOCIATION, poems by picture up to 24 words, from 4 to 8 verses, theme: "Important"

*

Благодаря на Бог,
че ти е дал очи, душа, за да ме видиш
и възлюбиш! Завеща ми сетива
да чувствам любовта ти!

НАГРАДА „ПЛАТИНЕН ВАЛЕНТИН", LITERATURE LOVERS' ASSOCIATION, стихотворение до 24 думи, февруари 2020

*

I thank God,
who gave you eyes and soul, to see me and love me -
He has bequeathed me senses to feel your love!

PLATINUM VALENTINE, LITERATURE LOVERS' ASSOCIATION, poems up to 24 words, from 4 to 8 verses, February 2020 *

под смокините
весел смях на влюбени
зрели плодове

ОТЛИЧИЕ, "En un écl, Haïkouest", Франция, юни 2019, тема „Смях", хайку

*

under the fig trees
cheerful laughter of lovers
mature fruits

HONORARY MENTION, En un écl, Haïkouest, France, juin 2019 , theme "Laughter", haiku

ЛЕТНИ ЕМОЦИИ

Смокини падат тихо,
тупват в тишината.
Пчели жужат. Обръщам лист,
гадая по дланта му.
По пръстите ми - сладост.
Меден месец приближава.

ЗЛАТНА ЗВЕЗДА, LITERATURE LOVERS' ASSOCIATION, конкурс № 79, тема: „Туп", стихотворение до 24 думи;
В антология на съвременната световна поезия, ATUNIS GALXY ANTHOLOGY, 2021

SUMMER EMOTIONS

Figs fall quietly,
thump into the quiet.
Bees are buzzing.
I turn a leaf,
guessing at its palm. Sweetness on fingers.
Honeymoon is coming.

GOLD STAR, LITERATURE LOVERS' ASSOCIATION, Competition № 79, Topic – Thump, poem up to 24 words, from 4 to 8 verses; In ATUNIS GALXY ANTHOLOGY, anthology of contemporary world poetry, 2021

БЕЗСЛОВЕСНА РЕЧ

Научих се да общувам с всемира мислено.
Не пиша. Не говоря.

Наум казвам на цветето колко е прелестно, на росната капка колко е съвършена, на звездата колко е далечна, а се отразява в същността ми. Изпращам сигнали на съществата в космоса, на близките в отвъдните светове, на татко, който живее зад върховете на планините. Разговарям мислено с всемира.

Събуждам се и ти казвам на глас:
- Добро утро, любими! Да изпеем песничката за възхвала на Бог!

ЧЕРВЕНО ПЕРО, POEMarium, конкурс № 64, тема: „Безсловесна реч", стихотворение от 8 до 16 реда

SPEECHLESS SPEECH

I learned to communicate mentally with the universe.
I don't write.
I don't speak.
Of mind I tell the flower how lovely it is,
of the dewdrop how perfect it is,
of the star how far it is,
but it's reflected in my essence.
I send signals to beings in space,
to loved ones in the afterlife,
to dad,
who lives behind the mountain peaks.
I talk mentally with the universe.
I wake up and tell you out loud:
"Good morning, beloved!
Let's sing our song for God's praise!"

RED QUILL, POEMarium, Poetic Parley # 64, poem from 8 to 16 lines, motif: " SPEECHLESS SPEECH"

СЛЕД СЪТВОРЕНИЕТО

Затворихме вратите на всичките животи преди този.
Изтрихме случки, хора и несгоди.
Останал беше поривът един към друг да бързаме
от сътворението Божие на световете.
Изригна силата на магнетичното привличане.
Земята и Небето се прегръщаха.
Небето слезе ниско и я обгърна цялата,
така я завъртя, че вече няма спиране.
Блестящи електрически светкавици се стрелнаха.
Небето приласка Земята с най-небесни ласки
от повърхността до течното ядро, до лавата...
в танца на живота.

Затворихме вратите на всичките животи преди този. И се отвори път,
пресичащ световете.

НАГРАДА, POETRY PLANET, предизвикателство за поезия, конкурс 123, тема: „ТАНЦЪТ НА ЖИВОТА"

AFTER CREATION

We closed the doors of all lives before this one.
We deleted happenings, people and adversities.
The urge to hurry towards each other had stayed from the God's creation of the worlds.
The force of magnetic attraction erupted.
The Earth and the Heaven began to embrace.
The Sky descended low and enveloped the Globe, turned it so that there was no stopping.
Brilliant electric lightning flashed.
Heaven was caressing the Earth with the most heavenly caresses
from the surface to the liquid core, to the lava ...
in the dance of life.

We closed the doors of all lives before this one.
And a road opened, crossing the worlds.

AWARD Appreciation, POETRY PLANET, poetry challenge, competition 123Words, motif: " Dance of life"

РЕТРОСПЕКЦИИ
RETROSPECTIONS

МЕЖДУ СВЕТОВЕТЕ

„Поезията е интелектът, оцветен от чувства." - Александър Уилсън

Вятърът вика старото ми име - търси ме сред необятния простор на полето,
по стръмното било на високата планина,
по вълните на позлатеното море,
шепти в уханните чашки на цветята.
Вятърът.

Сетивата провокират интелекта – времето вече е друго - в ново
родословие съм преродена. Планината и морето не знаят -
помнят коя съм била.

Чувствата оцветяват световъзприятията и чувам: вихърът плаче, че не ме открива –
аз тъгувам, че не ме търси.

ЗЛАТНО ПЕРО, POEMarium, стихотворение по цитат, от 8 до 10 реда, конкурс № 18, тема: „Поезията е интелектът, оцветен от чувства" - Александър Уилсън

BETWEEN THE WORLDS

" Poetry is the intellect colored by feelings." - Alexander Wilson

The wind calls my old name -
looks for me in the vast field,
on the steep ridge of the high mountain,
on the waves of the gilded sea,
whispers in the fragrant cups of the flowers. The wind!
My senses provoke the intellect - the time is different - I was reborn with a new pedigree.
The mountain and the sea do not know it -
they remember who I was.

Feelings color the world of perceptions and I hear how the wind cries that it does not find me - and I'm sad that he's not looking for me.

GOLDEN QUILL, POEMarium, poem by quote, from 8 to 10 lines, competition № 18, motif: " Poetry is the intellect colored by feelings" – Alexander Wilson

СОНМ

Забравих времето, в което сме живели.
Забравих го. Нарочно го забравих.
Дали се стреляхме с куршуми или с лъкове,
дали умирахме от шпаги и топове, дали изчезвахме от бомби или лазери, не помня вече. Нищо не си спомням.

Забравих онзи град - как с времето се гонехме.
Дали морето влюбено целувало е прага?
Дали пустинни пясъци нахълтваха из стаите?
Дали са бдели борове на прага, пред вратите?

Забравих после къщите, забравих всички мебели.
Какви ли са градините -
от мандарини, или люляци?
Какво бе туй усещане от миг или от вечност?

Но ние бяхме двамата едно единно цяло.
Тъй както половинките затварят мандарината.
Тъй както половинките затварят и Земята.
Тъй както в половинките Небето се затваря.
Една река от слънце през двама ни течеше.
И вятърът довяваше сигналите на космоса.
Безкраят в нас се сбираше като звездата в капка.

Забравих после думите. Забравих твоя образ.
Завинаги запазих усещане за близост.

СЕРТИФИКАТ за изключителен принос от международен литературен конкурс № 6 в дебата на тема: „Управление на времето", POETRY EDUCATION ACADEMY / Поетична образователна академия, Нигерия

HOST

I forgot the time we lived in.
I forgot it. I forgot it on purpose.
Whether we were shooting with bows or bullets,
whether we died from swords or cannons, whether we disappeared from bombs or lasers,
I don't remember anymore. I don't remember.

I forgot the town of racing against time.
Has the sea in love kissed the threshold?
Did desert sands invade the rooms?
Were pine trees guarding before the doors?

Then I forgot the houses,
forgot all furniture.
What were the gardens like?
From tangerines or lilacs?
What was that feeling for a moment or all eternity?

But both we were a coherent whole.
Since both halves closed the tangerine.
Since both halves closed the Earth.
Since both halves closed the sky. A river of sun flowed through the two of us.
And the wind brought the signals of the cosmos.
The infinity in us gathered like a star in a small drop.

I forgot the words afterwards.
I forgot your image.
Forever I kept feeling of closeness with the invisible.

CERTIFICATE for outstanding contribution from international literary competition № 6 in the debate on the topic: "Time Management", POETRY EDUCATION ACADEMY, Nigeria

СРЕД ЛИВАДИТЕ

Майка ми е тръгнала
по пътя през ливадите.
Тревите са се люшнали до хоризонта -
божествени, тържествени, ухаещи, естествени...
на мама се покланят.

ПЪРВАТА АНТОЛОГИЯ НА СВЕТОВНОТО ГОГЬОШИ, Мидълтаун, САЩ, 2019

AMONG THE MEADOWS

My mother's walking on the path
through the meadows.
The grasses are swaying up to the horizon -
solemn, fragrant, natural, divine …
bowing to mum.

THE FIRTH ANTHOLOGYOF WORLD GOGYOSHI, Middletown,USA

СЕМЕЙНА ВЕЧЕР

Нощта е пълна с ухание на бор,
звездите – светещи шишарки в полумрака.
Луната гледа в нас – космическо око на мъдра сова.
Светулките извират на съзвездия.
Прославя славей любовта в живота.

Свидна моя, свята семейна вечер!
Аз трябва надалече да замина.

Поставя мама
в ръката ми светулка -
по пътя да ми свети.

В планетарна антология LOVE THY MOTHER/ ОБИЧАЙ СВОЯТА МАЙКА, POETRY PLANET, 2020

FAMILY EVENING

The night is filled with the scent of pine,
the stars are
glowing cones in the twilight.
The moon stares into us -
a wise eye of a cosmic owl.
The fireflies pulsate in constellations.
A nightingale glorifies life and love.

My sweetheart family evening!
But I have to go away. Mom places in my hand a firefly
to illuminate the way.

In planetary anthology for the mother LOVE THY MOTHER, POETRY PLANET, 2020

СЕМЕЙНА СНИМКА

Мама, татко и аз:
мама – мила и грациозна,
татко – красив и усмихнат, качил ме е на раменете си,
аз – на четири, в цъфнали сливови клони.
Чувствам се в прегръдката на пролетни дървета, помисля ли си за татко.
Учи ме на труд, да бъда смела, да обичам хора и природа с вяра в Бог.
Първи мой учител по поезия. Заедно откриваме съзвездия. Покрай нас невидим вятър рони и раздухва цветове.
Лист по лист. И ден след ден. В жестовете ни завихрени.
Снимката ни, скрита в мен - във Вселената остава.

В планетарна антология за бащата THE REAL HERO / ИСТИНСКИЯТ ГЕРОЙ, POETRY PLANET, 2020

FAMILY MEMORY PHOTO

Mom, Dad and I:
mom - kind and graceful,
dad - handsome and smiling,
he had set me up on his shoulders,
I - on four,
in the flowering branches of a plum.
When I think about dad,
I feel myself
in an embrace of spring trees.
He teaches me to live boldly, to work,
to love people and nature
to believe in God.
He is my first poetry teacher.
We have discovered constellations in the night sky.
An invisible wind crumbles ethereal petals and spreads them around us.
Petal after petal. Day after day.
It blows away the life .
Our photo - hidden in me
and in the memory of the universe - remains.

In planetary anthology for the father THE REAL HERO, POETRY PLANET, 2020

ПЪТ ПРЕЗ СВЕТОВЕТЕ

Безсмъртна се чувствах през детството – вярвах, че никой не може да ми навреди,
за мен се грижеха моите близки, звездното небе ме пазеше – насън излизах от тялото си,
когато ме нападат врагове.
Станах неуверена с годините.
Чудех се как се живее в тези къщи -
всеки може да ги продаде, земетръс да ги събори, бомби да ги разрушат, мравки да ги подкопаят, вируси да ги изпълнят. Съдбата ме бе препратила сред пясъчни кули.

Вярвам във Висшата идея – Аз съм на хармонична планета с райски пейзажи. Днес съм тук. Този свят е и мой. Бог пренасочва душата ми в пътя й през световете.

„НАГРАДА ЗА НАЙ-ДОБЪР УЧИТЕЛ", АКАДЕМИЯ ЗА ПОЕЗИЯ (Нигерия), Международен литературен дебат, тема: „Хуманност и сигурност", стихотворение 16- 26 реда

A JOURNEY THROUGH THE WORLDS

I felt immortal when I was a little girl -
I believed that no one could harm me,
my relatives took care of me,
the starry sky protected me -
I came out of my body in dreams,
when I was attacked by enemies.

I became insecure over the years.
I was wondering how to live in these houses,
which anyone can sell them,
an earthquake can knock them down,
bombs can destroy them,
ants can undermine them,
viruses can execute them.

The fate had sent me
among sand towers.

I believe in the Higher Idea -
I was on a harmonious planet
with heavenly landscapes.
I'm here today. This world is mine too.
God redirects my soul
on her way through the worlds.

BEST TEACHER AWARD, POETRY ACADEMY (Nigeria), the international contemporary literary debate contest, Topic: "Humanity and Security", poem 16-26 lines

СВЯТА НОЩ

В Святата нощ се моля за мир и благоденствие, за земните и небесни същества. Камбани и свещи, хор от ангелски гласове.
Благодаря за божието присъствие, изпълнило ни с благодат.
Най-прекрасният подарък е взаимната ни обич и спасение.

ЗЛАТНА ЗВЕЗДА, за принос в световната литература, GLOBAL LITERARY SOCIETY , конкурс № 26, 2019, тема: „Коледа", стихотворение до 40 думи.;
Вариант на стихотворението е в световна антология I CAN'T BREATHE, Кения, 2021

HOLY EVE

On Holy Eve, I pray for peace and prosperity
for the earthly and celestial beings. Bells, candles, angelic voices.
Thank for God's presence, which fills us with grace.
The most wonderful gift is our mutual love and salvation.

A variant of the poem is in the world anthology I CAN'T BREATHE, Kenya, 2021;
GOLD STAR award, GLOBAL LITERARY SOCIETY , WMPC # 26 , 2019, theme: "Christmas", poem up to 40 words

НОВА ГОДИНА

Нова година пуска зърно светлина в душата на всеки.
Дано повече зърна покълнат!
Дано повече поникнат и се издигнат!
Добре дошла, светлина! Добре дошло, ново време!

ЗЛАТНА ЗВЕЗДА, за принос в световната литература, GLOBAL LITERARY SOCIETY , конкурс № 27, 2019, тема: „Нова година", стихотворение до 40 думи

HAPPY NEW YEAR

The New Year drops grain of light into everyone's soul.
Hopefully more grains germinate!
Hopefully more to sprout and rise!
Welcome, light! Welcome, a new time!

GOLD STAR award, GLOBAL LITERARY SOCIETY , WMPC # 27 , 2019, theme: " NEW YEAR", poem up to 40 words

МОЕТО СЕМЕЙСТВО

От изток на запад –
Дъга над планините.
Свидното ми семейство:
Едни - на земята, други - в небесата,
Аз – между световете.

Във ВТОРАТА АНТОЛОГИЯ НА СВЕТОВНОТО ГОГЬОШИ, Сан Бернандино, САЩ, 2020

MY FAMILY

From East to West -
A rainbow above the mountains.
My beloved family:
Some - on the earth, others - in the heavens,
I - between the worlds.

In THE SECOND ANTHOLOGY OF WORLD GOGYOSHI, San Bernandino, USA, 2020

ЗЕМЯТА – ДОМ НА ТРИ НИВА

В земята – мъртвите почиват.
По нея - живите се движат.
Из въздуха летят души.
В този дом етаж с етаж
Не могат да се видят.

В ATUNIS GALXY ANTHOLOGY, антология на съвременната световна поезия, Demer Press, 2020

THE EARTH – A HOME ON THREE LEVELS

In the earth – the dead are resting.
On the surface – the living are walking.
Through the air – the souls are flying.
In this home floor to floor
cannot see each other.

In ATUNIS GALXY ANTHOLOGY, anthology of contemporary world poetry, Demer Press, 2020

МЕЖДУ ДВА СВЯТА

Пием кафе с моите близки,
седем души сме край приятната маса –
пет от тях са в измерението на невидимите,
шестият е през седем планини оттатък.

Пием кафе от моята чаша –
ту ми е весело, че се обичаме,
ту ми е тъжно, че не ги виждам.

Пием кафе от една чаша –
седем души сме,
а съм сама до масата.

В „PACT" – списание за литература, изкуство и култура, брой 20, Битоля, Република Северна Македония, 2019

BETWEEN TWO WORLDS

We have coffee with my beloveds ones,
seven people by the pleasant table -
five of them are in he dimension of the invisible,
the sixth one - beyond the seven mountains.

We drink coffee from my glass -
and I'm so happy
that we love each other
and I'm so sad -
I don't see them.

We drink coffee from one cup -
we are seven,
but I'm alone around the table.

In PACT - A Magazine for Literature, Art and Culture, Issue 20, Bitola, Republic of Northern Macedonia

ПАРАЛЕЛНИ СВЕТОВЕ

По моите улици – хора се движат:
едни са видими,
други - невидими.

Видимите ме отминават.
Понякога някой поздравява
и това ме изпълва с радост.

Невидимите ми говорят –
понякога ги чувам,
Докосват ме – понякога ги усещам.

Думите възвисяват, свързват светове.

Постепенно видимите изчезват,
превръщат се в невидими -
долавям, че с мен контактуват.

Стъпваме през пространствата.
Към вечността изтичаме
От улиците. Към безкрая.

ЧЕРВЕНО ПЕРО, POEMarium, стихотворение от 8 до 16 реда, конкурс № 62, тема: „Мощта/Силата на перото"

PARALLEL WORLDS

On my streets - people walk:
some are visible,
others - invisible.

The visible ones pass me by.
Sometimes someone greets me
and it fills me with joy.

The invisible ones speak to me -
sometimes I succeed hear them
they touch me - sometimes I feel them.

The words elevate, connect worlds.

Gradually the visible ones disappear,
they become invisible,
I sense them talking to me.

We step through the spaces.
We are flowing to eternity
from the streets. Into the infinity.

RED QUILL, POEMarium, Poetic Parley -62, poem neither less than 8 lines nor more than 16 lines, the motif: "PEN-MIGHT"

ШЕПОТ СРЕД ДИВИ ЦВЕТЯ

Гората мълчи в тишина.
Елен и сърна изпълват поляната –
тя е плаха и нежна, той е величествен. Въздух, обагрен с копнежи.
Хълм със зелени борове и сини незабравки.
От залеза пламват омайни омайничета.

Вечерта шепти:
„Омай ме, омай ме, омайниче!
Не ме забравяйте, незабравки!"
Стъпките ти кънтят в сърцето ми.
Стъпките...

Ти живееш през девет планини в десета, през девет съновидения в десето, през девет далечни планети на десета...
Благодаря ти, Господи, че някъде живее!

НАГРАДА, POETRY PLANET, предизвикателство за поезия, конкурс 127, тема: „ДИВО ЦВЕТЕ", от 15 до 30 реда

A WHISPER AMONG WILD FLOWERS

The forest in silent.
A deer and a roe deer appear on the meadow -
she is shy and gentle,
he is majestic.
A hill with green pines and blue forget-me-nots.
Hill with blue forget-me-nots.
Enchanting poppies blaze from the sunset.

In the evening whispers:
"Enchant me, enchant me, poppies!"
Don't forget me, forget-me-nots! "
Your footsteps resound in my heart.
The steps ...

You live behind nine mountains in the tenth,
in nine dreams, in the tenth,
through nine distant planets on the tenth ...
Thank you, Lord, that he lives somewhere.

Appreciation AWARD, POETRY PLANET, Motion Poetry Challenge, word 127Words, motif: "WILD FLOWER", from 15 to 30 lines

СИЛАТА НА ЛЮБОВТА

Любов ни омиротворява,
съзижда и възвисява -
внася велика енергия в космоса.

Ти върна усмивката ми,
отнесена от хората,
които за небето заминаха.

Ти изтръгна корените на болката
и помогна на душата ми
да се изпълни отново с обич

към живите, към невидимите,
към земята и планетите,
към галактиките.

Ти се превърна в ядро от любов -
добавих всичко,
което съществува.

Появи се като мъжът от хълма.
Припознах в теб мъжа,
дошъл от световете.

Законите на любовта,
щом станат наша същност -
до Бог ни приближават.

В световна антология I CAN'T BREATHE, Кения, 2021

POWER OF LOVE

Love can bring peace. Love builds and elevates us, brings great energy into cosmos.

You brought back my smile, carried away by people who went to the heaven.

You uprooted the pain in me
and helped my soul
to be filled again with love

to the living, to the invisible,
to the Earth and the planets,
to the galaxies.

You have become the core from love,
to which I added everything
which exists.

You appeared like the man from the hill.
I recognized in you the man, came from the worlds.
When we learn the laws of love and they transform into our essence, we will come closer to God.

In the world anthology I CAN'T BREATHE, Kenya, 2021

*

Мека трева се гали в нозете ни.
Звездни погледи стигат челата почти.
Светят маслините в мрака с очите на древните.

СРЕБЪРНА ЗВЕЗДА, LITERATURE LOVERS' ASSOCIATION, конкурс № 82, тема: „Кротък/Мек/Благ", до 24 думи

*

Mild grasses caresses our feet.
The stellar gazes reach almost to our foreheads.
Olives glow in the darkness with the eyes of the ancestors.

SILVER STAR, LITERATURE LOVERS' ASSOCIATION Contest_82, motif: Mild, up to 24 words

ВРЕМЕ НА КАРАНТИНА

Световни градове, сред тишина потънали.
Птици и животни - по безлюдни улици.
Къщи - крепости срещу заразата.
Ние сме гости на тази Земя и се страхуваме.
Всичко, което се случва, има свой дълбок смисъл.
Благословено е да сме в дома с любимите хора -
днес сърцето ми плаче в пандемичното време.
Докато ме целуваш, стотици спират да дишат,
милиони се заразяват от Ковид по целия свят.

Лекарите се борят над нечий живот,
учени търсят лекарства, ваксини.
Докато ме целуваш - милиарди шептят:
Молим те, Боже,
спаси човешкия род, запази ни!
Господи, цялото човечество се моли:
смили се над нас!

В световна поетична антология за Ковид – 19, MUSINGS DURING A TIME OF PANDEMIKC / „РАЗМИШЛЕНИЯ ПО ВРЕМЕ НА ПАНДЕМИЯ", Кения, 2020;
СЕРТИФИКАТ за високи постижения „принос в литературата", BRAINBUD – съкратен вариант на стихотворението, до 40 думи

QUARANTINE TIME COVID-19

World cities sank into silence.
Birds and animals - in deserted streets.
Homes - fortresses against infection.
We are guests on this Earth and we are afraid.
Everything that happens has a deep meaning.

We are blessed to be at home with our loved ones,
but today my heart is crying in the pandemic.
As you kiss me, hundreds stop to breath,
millions are infected by coronavirus worldwide.

Doctors are fighting to save the sick,
scientists are working to find drugs and vaccines.
As you kiss me - billions beg:
Please God, save the people at homes, protect us!
Lord, all humanity prays: have mercy on us!

In MUSINGS DURING A TIME OF PANDEMIKC, A World Anthology of Poems on Covid 19, Kenya, 2020;
CERTIFICATE of Excellence "for contributions to literature" ,BRAINBUD – short variant for a poem, up to 40 words

КАРАНТИНА

И каква беше тази покруса?
Мислех си, че мога да се скрия от света, в изолация на Ковид.
Стенеха съдбовни мисли в мен -
болеше ме гърбът от неподвижност.

Виждах във въображението си:
гневното море се приближи.
Пустинни бури се завихриха.
Подвижни пясъци ни дебнеха.

Молех се и вярвах аз -
пак ще бъдем заедно
в градината с разцъфналите рози,
когато Ковид си отиде.

Антология "LOCKDOWN DIARIES" My COVID Experience /„ЗАКЛЮЧЕНИ ДНЕВНИЦИ", Моят COVID опит, POETRY PLANET, 2020 СЕРТИФИКАТ за ангажираност от Световната здравна организация

QUARANTINE TIME

And what was that despair?
I thought I could hide from the world, affected by corona virus.

Fateful thoughts groaned in me -
my back ached from immovability.

And I saw in my imagination:
The angry sea approached.
Desert storms swirled.
Moving sands lurked us.

I prayed and believed -
we'll be again
in our blooming rose garden
after the pandemic.

Anthology "LOCKDOWN DIARIES" My COVID Experience by POETRY PLANET, 2020;
CERTIFICATE of commitment from the World Health Organization

ОТЛОЖЕНО ПРАВОСЪДИЕ

Слънцето огрява градове, планини, пустини, морета.
И днес Бог се надява да станем по-добри –
отлага правосъдието за всички
до деня на небесния съд.

СЕРТИФИКАТ за отлични постижения, „принос в световната литература", GLOBAL LITERARY SOCIETY , конкурс № 2 , 2020, тема: „Отложено правосъдие"

DELAYED JUDGEMENT

The sun shines on cities, mountains, deserts, seas.
And today, God hopes we will become better -
justice for all of us is delayed -
until the day of heavenly judgement.

CERTIFICATE of Excellence, for contribution to World Literature", GLOBAL LITERARY SOCIETY, competition № 2, 2020, topic: "Deferred Justice", poem up to 40 words

ВРЕМЕТО

Времето променя силата на слънцето,
изтръгва зеленината на планетата,
размества звездите в небето...

Времето рони Вавилонската кула, Акропола,
чупи крилете на каменните птици,
отнася ръцете на мраморните статуи...

Времето иска да разруши обичта ни,
да разпилее спомените, младостта ни,
телата ни, самите нас …

СЕРТИФИКАТ за изключителен принос от международен литературен конкурс № 6 в дебата на тема: „Управление на времето", POETRY EDUCATION ACADEMY / Поетична образователна академия, Нигерия

THE TIME

Time changes the power of the sun,
rips out the greenery of the planet,
displaces the stars in the sky ...

Time crumbles the ancient towers,
breaks the wings of the stone birds,
takes away the hands of the marble statues ...

Time wants to destroy our love,
to scatter our memories,
our youth, our bodies,
ourselves…

CERTIFICATE for outstanding contribution from international literary competition № 6 in the debate on the topic: "Time Management", POETRY EDUCATION ACADEMY, Nigeria

РИТЪМЪТ НА ПРИРОДАТА

„Поезията е ритмично създаване на красота с думи.“ - Едгар Алън По

По стълбите от мълнии гърмът се спусна.
Търкулна се.
Разтресе небесата.
От върховете в пропастите скочи.
Земята разлюля.
Разкъса въздуха.

Дърветата, трепереещи и мокри,
изплашени се кланяха на вятъра.
И яростните страховити вихри,
заскубаха треви, дървета, къщи.

Градът се люшна
сред море от дъжд и облаци,
сред хаос от тътнеж, озон и пяна.
Сърцата ни замряха.
Спря дъхът ни.

Блестящи електрически светкавици
зашиваха небето и морето,
водата притъмня, вълни прииждаха,
заблъскаха брега,
скалите къртеха.

На сутринта изгря спокойно слънцето.
Окъпан в блясъци просторът грейна.
По капките роса дъги блещукат.
Всемирна радост въздуха изпълва.

ЗЛАТНО ПЕРО, POEMarium, конкурс № 19, стихотворение по цитат от 8 до 12 реда, тема: „Поезията е ритмично създаване на красота с думи“. - Едгар Алън По

THE RHYTHM OF NATURE

“Poetry is the rhythmical creation of beauty in words." - Edgar Allen Poe

The thunder descended on the stairs of light. It rolled over. Shook the heavens. Jumped from the tops into the precipices.
The earth shook. The air tore.

The trees, trembling and wet, frightened bowed to the wind.
The fierce terrible whirlwinds plucked grasses, trees, houses.

The town swayed amidst a sea of rain and clouds,
among the chaos of rumble. Our hearts stopped, breath ceased.

Brilliant electric flashes connected the sky with the sea,
the water darkened, the waves elevated and began to strike the coast, to crumble the rocks.

In the morning the sun rises calmly. The spaces glow.
Rainbows glisten on the dew drops - joy fulfills the air.

GOLD QUILL, POEMarium: QUOTE-POEM: 19, Motif: " Poetry is the rhythmical creation of beauty in words."- Edgar Allen Poe, poem neither less than 8 lines nor more than 12 lines

ПЕРСПЕКТИВА

Върхове под звездите.
Наследници на Орфей берат рози
в уханни долини.

Бяла пеперуда
каца на ружа в ръката ми.
Изглежда по-голяма от облак.

В антология SCENTSIBILITY/"АРОМАТИ"*, издателство GMGA Publishing and Pixel & Feather Graphic Designs & Digital Services, Филипини, 2020*

PERSPECTIVE

Tops under the stars.
Heirs of Orpheus picking roses
in fragrant valleys.

A white butterfly lands
on a marshmallow in my hand.
It looks bigger than a cloud.

In SCENTSIBILITY Anthology, издателство GMGA Publishing and Pixel & Feather Graphic Designs & Digital Services,, Philippines, 2020

ЛЯТНО СИДЖО

Стигнахме ливада с детелини и свалихме шапки.
Окачихме ги по клоните на дървесата, в хоризонта се загледахме.
Лъхна вятър - шапки полетяха сякаш облаци в небето.

НАГРАДА, Konect E-ZINE , СИДЖО - корейска традиционна поетична форма, тема: „Разходка в ливадите", юли 2020

SUMMER SIJO

We reached the clover meadow and took off our hats.
We hung them on tree branches and stared at the horizon.
Wind blew - we saw hats flying like clouds in the sky.

AWARD, Konect E-ZINE ,SIJO - Korean traditional poetic form, topic: "Walk in the meadows", SIJO AWARD, July 2020

ХОР

Учудва ли те този странен хор?
Крещят високо враните с гласа си дрезгав.
Из нивата подвикват пъдпъдъци.
Врабци цвърчат из ствола на тополата.
Гълъби любовно гукат в цъфналата ябълка.
Петлите се надпяват
и други зад хоризонта им отвръщат.
С високи възгласи ни поздравяват пуяци.
Бръмчат пчели, мухи, комари, бръмбари.
Всички изведнъж. И едновременно.
Всички в този миг живеем.
Песента на славея се откроява.

СИНЬО ПЕРО, POEMarium, конкурс № 65, тема: „Певец/пойна птица/песнопоец", стихотворение от 8 до 16 реда

CHORUS

Are you surprised by this strange choir?
The crows scream loudly in their hoarse voices.
The quails are calling from the field.
Sparrows chirp on the poplar branches.
Pigeons lovingly tweet in the blossoming apple.
Roosters compete in singing
and others beyond the horizon retaliate.
A turkey greets us with loud shouts.
Bees, flies, mosquitoes, beetles are buzzing.
All at once. Simultaneously.
We all live in the same moment.
Among this choir the nightingale's song stands out.

BLUE QUILL, POEMarium, competition № 65, theme: "Singer", poem from 8 to 16 lines

*

Водата изпълва реки, океани,
лети със снежинките,
шуми из кръвта ни.
Животът се втурва –
реката стремглава –
тече между розите
и отминава.

ЗЛАТНА ЗВЕЗДА, LITERATURE LOVERS' ASSOCIATION, конкурс № 80, до 24 думи, тема: „Вода"

*

The water fills rivers, oceans,
it flies with snowflakes,
pulsates in our blood.
The life rushes -
a speedily river -
flows between roses
And disappears.

GOLD STAR, LITERATURE LOVERS' ASSOCIATION, theme: Water Contest # 80, till 24 words

КАПКИ В ГРАДИНАТА

Росни капки по розите -
на фона на отблясъци -
цъфтящи клони,
полет на птици,
любопитни погледи.
Капките се изпаряват
и във въздуха се носят снимки
на утринния град.

ПЛАТИНЕНА ЗВЕЗДА, LITERATURE LOVERS' ASSOCIATION, конкурс № 79, тема: „Отблясъци" до 24 думи; В антология на съвременната световна поезия, ATUNIS GALAXY ANTHOLOGY, 2021

DROPS IN THE GARDEN

Dewdrops on the roses -
amid tinges -
blooming branches
bird flight, curious eyes.
Drops evaporate
And scatter in the air
photos from the morning city.

PLATINUM STAR AWARD, LITERATURE LOVERS' ASSOCIATION
Contest_79, motif: "TINGE", up to 24 words;
In ATUNIS GALAXY ANTHOLOGY, anthology of contemporary world poetry, 2021

ЧУДЕСАТА НА ПЕПЕРУДАТА

Пеперуда целува
цветята в градината –
по-пъстра от дъгата,
по-ярка от звездно небе.
По крилете й -
очертания на галактика,
тялото й
с блясък на миниатюрен Млечен път.
Божествено изящество!
Трепти,
искри,
танцува
под светлите лъчи на слънцето.
И се изгубва постепенно
в полет над реката към другия бряг.

НАГРАДА, POETRY PLANET, предизвикателство за поезия, конкурс 124, тема: „ЦЕЛУВКА НА ПЕПЕРУДА", стихтворение от15 до 30 реда

THE MIRACLES OF THE BUTTERFLY

A butterfly kisses
flowers in the garden -
more colorful than the rainbow,
brighter than the starry sky.
On its wings -
a galaxy is outlined,
on its body -
glitter of miniature Milky Way.
Divine grace!
It flickers,
sparks,
dances
in the bright sunlight.
And it is gradually lost
in flight over the river to the other shore.

Appreciation AWARD, POETRY PLANET, Motion Poetry Challenge, word 124Words, motif: " Kiss of a Butterfly" , poem from 15 to 30 lines

*
мравки по изгрев
под звездните купове
човек на пътя

СРЕБЪРНА ЗВЕЗДА, LITERATURE LOVERS' ASSOCIATION, конкурс № 18, хайку, само [5/7/5]

*
ants at the sunrise
under the stellar clusters
a man on the road

SILVER STARS, LITERATURE LOVERS' ASSOCIATION, Competition № 18, haiku, Only [5/7/5]

*
Обожавам изгрева над утринния чай
и птиците възпяват свободата в полет.

НАГРАДА, Konect E-ZINE за двустишие, тема: „Чай", октомври 2020

*
I love the sunrise over the morning tea
and the birds sing freely in flight .

AWARD, Konect E-ZINE for a couplet, topic: "Tea", October 2020

ВДЪХНОВЕНИЕ

Мисълта ми пресича пространствата -
замечтан те намира
на фона на планински върхове.
Мисълта ми те гали.
Мисълта ми те целува.
Ти докосваш с ръка устните си,
поглеждаш към слънцето,
чувстваш вятъра,
въздухът край тебе тръпне.
Дали усещаш, че съм аз,
невероятно мое вдъхновение?

ЧЕРВЕНО ПЕРО, POEMarium, конкурс № 52, за стихотворение от 8 до 16 реда, тема: „Поетично вдъхновение"; НАГРАДА, POETRY PLANET, предизвикателство за поезия, конкурс 122, тема: „Щастието е..."

INSPIRATION

My thought crosses the spaces
and finds you
inspired against the background
of peaks and mountains.
My thought caresses you.
My thought kisses you.
You touch your lips with your hand unexpectedly,
you look at the sun,
you feel the wind,
the air is trembling around you.
Do you feel - this is me,
my incredible inspiration?

RED QUILL, POEMarium, Poetic Parley – 52, for a poem neither less than 8 lines nor more than 16 lines, the motif: "POETIC INSPIRATION"; AWARD Appreciation, POETRY PLANET, Motion Poetry Challenge, word 122Words, motif: " The happiness is..."

*

залез над долината
небе и земя
запламтяват в макове

НАГРАДА, KONECT E-ZINE , укйах - „обратно хайку“, [7: 5: 7], тема: „Цветя” юни, 2020

*

sunset over the valley
field and horizon
in blazing fiery poppies

AWARD, KONECT E-ZINE , ukiah - “reverse haiku”, [7:5:7], theme: „Flower” June, 2020

ЖЕЛАНИЕ НА МОЕТО СЪРЦЕ

В прегръдката на залеза
една река от слънце през двама ни протича.
И вятърът довява сигналите на космоса.
Вибрации небесни и хор на земни птици.
Поезия изпълва душите поетични.
Безкраят в нас се сбира, пробужда сетивата.

Човешкото в нас пита, пита, пита.
Божественото знае всичко
и мълчи.

Кога ще се научат да общуват помежду си
божественото и човешкото?
Кога ще се завърнем в същността си,
за да общуваме с всемира...

НАГРАДА, POETRY PLANET, предизвикателство за поезия, конкурс 121, тема: „ЖЕЛАНИЕТО НА МОЕТО СЪРЦЕ"

DESIRE OF MY HEART

A sunny river flows between us
in the embrace of the sunset.
The wind brings the signals of the cosmos.
Heavenly vibrations and choir of earthly birds .
The poetry is filling the blessed poetic souls.
The infinitude reflects in us,
the subtle senses awaken.

The human in us asks, asks, asks.
The divine knows everything and is silent.

When will they learn to communicate
with each other the divine and the human?
When will we return to our essence
to communicate with the Universe?

AWARD Appreciation, POETRY PLANET, Motion Poetry Challenge, word 121Words, motif: " DESIRE OF MY HEART"

ПРОЗРЕНИЕ

„Поезията е сестра на скръбта." - Марк Андре Хенри

Земята - нашата зеница към вселената,
а изворите – бистрите й сълзи.
Солен е океанът и вълните са величествени.
Реките - животворни, пеещи и напоителни.

Крилата на орела висините възвисяват.
Поляна с диви ягоди изгрява в утрото.
В хининова кора горчилка зрее.
От съвършенство се огъва песента на славея.

Всемирна е тъгата на поетите
по светове, докосвани в мечтите,
където няма смърт, предателства и болести.
И Бог твори хармония и обич.

ЗЛАТНО ПЕРО, POEMarium, конкурс № 22 за стихотворение по цитат от 8 до 12 реда, тема: „Поезията е сестра на скръбта." - Марк Андре Хенри

INSIGHT

"Poetry is the sister of sorrow." - Marc Andre Henry

The earth - our apple of the eye to the Universe,
and the springs are her clear tears.
The ocean - salty and the waves - majestic.
The rivers are life-giving, singing, irrigating.

The wings of the eagle elevate the heights.
A meadow with wild strawberries rises in the morning.
The bitterness ripens in the quinine bark.
The nightingale's song bends from perfection.

The Universal sorrow overwhelms the poets
to worlds touched in dreams,
where there isn't death, betrayal and disease.
And God creates harmony and love.

GOLD QUILL, POEMarium, Quote Poem-22, for a poem of minimum 8 lines and maximum 12 lines, the motif: "Poetry is the sister of sorrow." - Marc Andre Henry

ПЪТИЩА

„Поетите, живеейки в лишения, трябва да използват думите пестеливо." - Уилям Грифит

Сърцето ми улавя вибрациите на света,
когато рисувам контури и пиша хайку,
искам да побера вселената в 17
срички и дори по-малко.

Споделям ли чувствата си
или бунта на душата си - пиша стихове.
Разказвам ли нечий живот на другите -
създавам разкази или романи.

Към съветите подхождам с разбиране.
Верни са за онзи, който ги е получил
в своето състояние, в съответен момент.
Моят път – точно мой е и сигурно е верен.

Рачето пълзи, заекът побегна,
птицата нагоре полетя,
къртицата в земята се зарови.
Всички пътища са верни
И от Бог - предопределени.

ЧЕРВЕНО ПЕРО, POEMarium, стихотворение по цитат № 13, от 8 до 12 реда, тема: „Поетите, живеейки в лишения,трябва да използват думите пестеливо." - Уилям Грифит

ROADS

"Poets being poor, must use words with economy." - William Griffith

My heart captures the vibrations of the world,
when I draw contours and write haiku,
then I want to put the universe in 17 syllables
and even less.

Do I share my feelings
or the rebellion of my soul - I record verses.
Whether I retell my life or the lives of others -
I create short stories and novels.

I approach the advice with understanding.
They are true to the one who received them
in his condition, in his moment.
My path - is exactly mine and surely true.
The crab crawls, the rabbit runs away,
the bird flies up,
the mole in the earth moves.
All roads are right and God-ordained.

RED QUILL, POEMarium QUOTE-POEM: 13 for a poem neither less than 8 lines nor more than 12 lines, Motif: "Poets being poor, must use words with economy."- William Griffith

МУЗА НА ВДЪХНОВЕНИЕТО

Свързвам се с безкрая
и долавям необятна мъдрост -
в полет над Земята
възпявам Божието сътворение.
С моя любим
и с духовете на заминалите близки,
усещам музата на вдъхновението
през сетивата си.

Понякога записвам думите,
или ги изричам във въздуха -
птици ги разнасят из долината с рози,
над цъфналите дървеса,
над планинските хребети.
Мое невероятно вдъхновение,
ти ми подаряваш букет от незабравки,
никога да не те забравя.

ЧЕРВЕНО ПЕРО, POEMarium, конкурс № 48 стихотворение, от 8 до 16 реда, тема: „Муза на поезията";
НАГРАДА, POETRY PLANET, предизвикателство за поезия, конкурс 122, тема: „ЩАСТИЕТО Е..."

THE MUSE OF INSPIRATION

I relate to the infinite
and I feel immense wisdom -
in a flight over the Earth
I sing for the God's creation.
With my beloved
and with the spirits of the departed loved people,
I can feel the muse of inspiration through my senses.
Sometimes I write down words,
or I say them in the air -
birds spread them over the valley with roses,
above the flowering trees, mountain ranges.
My incredible inspiration
you give me a bouquet of forget-me-nots,
to never forget you!

RED QUILL POEMarium: POETIC PARLEY – 15, for a poem neither less than 8 lines nor more than 16 lines Motif : „MAA SARASWATI."; AWARD Appreciation, POETRY PLANET, Motion Poetry Challenge, word 122Words, motif: " The happiness is..."

СИЛАТА НА ВЪОБРАЖЕНИЕТО

Каквото и да си представям, някъде съществува –
върху земята или в други светове и времена.
Фантастите предвиждат бъдещето.

С въображение прониквам в други вселени,
понякога паралелни.
С фантазия създавам нови образи, реалности.

Бог е най-великият мечтател.
С необхватна любов и въображение
е създал светове.

И нас - по негов образ и подобие,
завещал ни е планета.
Мечтатели, мисълта е материална.

Да внимаваме! Виденията – оживяват.
Да пазим Земята и космоса -
дом за нас и всички същества!

СИНЬО ПЕРО, POEMarium, конкурс № 45 за стихотворение от 8 до 12 реда, тема: „Фантазия или въображение"

POWER OF IMAGINATION

Whatever I fantasize about, it already exists somewhere -
maybe on the earth, maybe in other worlds
or in other times. Fantasy writers predict the future.

With imagination I penetrate into other worlds,
sometimes parallel.
With fantasy I can see new images, new realities.

God is the greatest dreamer -
with boundless love and imagination has created universes.

He has formed us in His image and likeness,
has bequeathed the planet to us - to be lords.
Dreamers, thought is material!

We have to be careful! The visions come to life.
Let's keep the planet and space -
the home for us and other creatures!

BLUE QUILL, POEMarium: POETIC PARLEY – 45, Motif : „FANCY OR IMAGINATION", poem neither less than 8 lines nor more than 16 lines

ПЪТ НА ЛЮБОВТА

Ние сме частица от човечеството,
поставено да живее на най-изумителната планета.
Сътворени сме с любов по образ и подобие Божие.
Все още не сме достигнали Ерата на любовта.
Когато обичаме, не водим войни,
не нараняваме, не изнудваме, не разрушаваме.
„Кулминация на мъжество е ненасилието”-
прозря Махатма Ганди.

Учим се на Висшите закони.
Любовта гради и възвисява,
внася велика енергия в космоса.
Мирът е в ръцете на любовта.
Повелите на любовта ако прозрем - да станат наша същност,
ще се завърнем в небесната родина,
ще бъдем в мечтания свят
с Боговете.

SONGS OF PEACE: THE WORLD'S BIGGEST ANTHOLOGY OF CONTEMPORARY POETRY 2020. League of Poets, 2020 „ПЕСНИ ЗА МИРА”: НАЙ-ГОЛЯМАТА СВЕТОВНА СЪВРЕМЕННА ПОЕТИЧНА АНТОЛОГИЯ, Лига на поетите, 2020;
В антология 'GALAMSHAR ADEBIETI - GLOBAL LITERA', WORLD NATIONS WRITERS' UNION;
„Най-добри писатели в света Temirqazyq - 2019” на WORLD NATIONS WRITERS' UNION / СЪЮЗ НА ПИСАТЕЛИТЕ НА ОБЕДИНЕНИТЕ НАЦИИ – ТРЕТА НАГРАДА;
ЗЛАТНА ЗВЕЗДА, за принос в световната литература GLOBAL LITERARY SOCIETY , конкурс № 16 , 2019, тема: „Ненасилие”, вариант - стихотворение до 40 думи

A ROAD OF LOVE

We are a particle fom mankind,
placed to live on the most amazing planet.
We are created with love
in the image and likeness of God.
We have not yet reached the Age of Love.
When we love, we don't war,
don't hurt, don't blackmail, don't destroy.
"Nonviolence is the culmination of manhood,"
insight of Mahatma Gandhi.

We are learning the Higher Laws.
Love builds and elevates us,
it brings great energy into the entire cosmos.
Peace is in the hands of love.
When we learn the laws of love
and they become our essence,
we will return to the heavenly homeland,
we shall be in the dreamed world,
we will be there, where the godlikes
live with the Gods.

SONGS OF PEACE: THE WORLD'S BIGGEST ANTHOLOGY OF CONTEMPORARY POETRY 2020, League of Poets, 2020;
In the anthology 'GALAMSHAR ADEBIETI - GLOBAL LITERA', WORLD NATIONS WRITERS' UNION;
WORLD NATIONS WRITERS' UNION, the Temirqazyq - Best Writers of the world Contest 2019, THIRD PRIZE; GOLD STAR, for contribution to world literature GLOBAL LITERARY SOCIETY, competition № 16, 2019, topic: "Non-violence", a variant - poem up to 40 words

ПЪТУВАНЕ

Животът ми - пътуване през розите,
оттам, където бях преди да се родя,
дотам – когато от света си тръгна.
Ще скрия в гънките на паметта
душевно преживяното, мечтаното.
Картините пресътворявам в себе си -
планински върхове под звездни небеса,
уханни долини със славеи и рози.
Божествена енергия трепти над пътища и
дом с любими хора - ще помня благите им гласове,
ще взема мислите, надеждите
и любовта.
Това ще бъде моето богатство,
което придобивам от света,
преди да се превърна в цвят на роза.

ТРЕТА НАГРАДА в „Първи световен конкурс за поезия на вестници и телевизии", 2020, Китай, проведен от The International Journalists Association, World Newspaper, World Daily, World Television, World Satellite TV, World Live Television, World News и World Toutiao

TRAVELING

My life is a journey through the roses,
from where I was before my birth -
to where I'll be after leaving the world.
I'll hide in the folds of the memory
the spiritual experiences, the dreams,
the views I saw somewhere -
mountain peaks under the starry sky ,
fragrant valleys with nightingales and roses,
the Divine energy that vibrates
above the roads and houses
with so beloved people.
I'll keep their warm voices, my thoughts,
The hopes, the boundless love.
This will be my wealth, the whole,
which I'll get from the world,
before I'll merge with the roses.

THIRD PRIZE in The First "World Newspaper Poetry TV Competition", 2020, China, conducted by om the International Journalists Association, World Newspaper, World Daily, World Television, World Satellite TV, World Live Television, World News и World Toutiao, China

ТАДЖ МАХАЛ,

познавам твоето величие
от телевизионни предавания и корици на книги.
Чела съм за безсмъртната любов,
която те е сътворила.
Чувала съм милион въздишки и мечтания
по великото чувство.
Какво щастие! Със съпруга ми сме публикували
и са писали за нас в списание „Тадж Махал Ревю".

НАГРАДА, Konect E_ZINE, осемстишие, тема: „пътуване по света от обект с буква „Т", юли 2020

TAJ MAHAL,

I know your majesty
from TV shows and book covers .
I read about immortal love,
which created you.
I have heard millions sighs and dreams
about the great feeling.
What happiness - my husband and I published
and wrote about us in journal Taj Mahal Review.

AWARD, Konect E-ZINE ,SIJO, eight lines, topic: "traveling around the world from an object with the letter "T"", July 2020

МИНКО ТАНЕВ / MINKO TANEV

ФОРМИ И ФЛУИДИ

FORMS AND FLUIDS

БРЯГ НА ЛЮБОВТА
COAST OF THE LOVE

ОТРАЖЕНИЯ НА НЕБЕСНИЯ АРГО

„Поезията е ритмично създаване на красота с думи." - Едгар Алън По

Бриз от Колхида
със златисти оттенъци
от митични морета
през вековете.
Силуети на гребци
в единен ритъм
с песента на вълните.
Тракийска богиня
прославя слънцето
над вълнолома.

Бреговата линия
пресъздава герои.

ЧЕРВЕНО ПЕРО, POEMarium, конкурс № 19 за стихотворение по цитат, тема: „Поезията е ритмично създаване на красота с думи" - Едгар Алън По, от 8 до 12 реда

HEAVENLY ARGO REFLECTION

" Poetry is the rhythmical creation of beauty in words" - Edgar Allen Poe

Breeze from Colchis
brings golden tinges
from mythical seas
through the centuries.
Silhouettes of rowers
in a united rhythm
with the song of the waves.
Thracian goddess
glorifies the sun
over the breakwater.

The coastline
Recreates heroes.

RED QUILL, POEMarium: QUOTE-POEM: 19, Motif : " Poetry is the rhythmical creation of beauty in words."- Edgar Allen Poe, poem neither less than 8 lines nor more than 12 lines

УТРИННИ ПРЕДЕЛИ

Светлинен плисък ме зове
над бликнала смола и билка
и с блесналите върхове
за миг над бездната политам.

Отвсякъде звънти вода
и вихрени акорди гръмват,
и дъх на дива свобода
сърцата ни подхвърля стръмно.

Коприва, къпинак и бъз
поглъщат селската рекичка
и някакъв жабок чевръст
безкрая на вира пресича.

Но моят порив ще съзре
на най-високата октава
как облакът превъплъщава
скръбта по Бялото море.

ЧЕРВЕНО ПЕРО, POEMarium, конкурс № 60, тема: „Поетичен поток" от 8 до 16 линии

MORNING LIMITS

A splashing light calls me
over a gushing resin and herbs
and I fly above the abyss for a moment
with the glittering peaks.

From everywhere water is ringing
and whirlwind brooks are exploding,
and a breath of wild freedom
throws our hearts steeply.

Nettles, blackberries and elderberries
engulf the rural rivulet
and some frog agile is crossing
the infinity of the pool.

But my impulse will behold
on the highest octave
how the cloud embodies
the sorrow on the White Sea.

RED QUILL, POEMarium, competition № 60 for a poem from 8 to 16 lines, theme: "Poetic brook"

АРХИПЕЛАЗИ

Вулканичен щрих припламна
в пръски лъчезарни
и над звездното ти рамо
слънчево догарях.

Пъстроока, многолика –
моя блян отнесе
и безкраят ме повика
в погледа проблеснал.

Над сияйни кръгозори
и копнеж разломен
Атлантида се разтвори
във внезапен спомен.

В антология на съвременната световна поезия, ATUNIS GALAXY ANTHOLOGY, 2021
ЗЛАТНА ЗВЕЗДА за принос в световната литература, GLOBAL LITERARY SOCIETY , конкурс № 12, тема: „Връзка/Отношение", вариант до 40 думи

ARCHIPELAGOS

A volcanic touch flamed up
throughout splashes of light.
On your starry shoulder
I was rising with the sun.

Dear my, with colorful eyes,
with different faces
you resurrected my dream.
And the infinity invoked me
in your gaze flashed bright beams.

Over the glowing horizons
and longing beyond the universe
an explosion has dissolved Atlantis
into ours sudden memories.

In ATUNIS GALAXY ANTHOLOGY, anthology of contemporary world poetry, 2021;
GOLD STAR AWARD, GLOBAL LITERARY SOCIETY , WMPC # 12 , Topic –RELATIONSHIP, variant up to 40 words

ВЪЗДУШНА ЦЕЛУВКА

Възвишена. Мираж почти.
През погледа за миг премина.
И няма как да откънти
с ефирни стъпки на богиня.

И всички струни в мен искрят
в съзвучията на безкрая -
със словеса да я изваят
над земния живот и смърт.

Небето няма да ме спре
пред блясъка на Ароейя -
и най-великият творец
целува въздуха след нея.

ЧЕРВЕНО ПЕРО, POEMarium, конкурс № 48, стихотворение от 8 до 16 реда, тема: „Муза на поезията"

AIR KISS

She passed for a moment in my sight.
Mirage almost. Spectacular.
And there is no way to reverberate
with ethereal steps of a goddess.
And all the strings in me sparkle
in harmony with the infinite -
with words to sculpt her
above earthly life and death.
The heaven will not stop me
in front of the glittering muse of poetry -
and the greatest Creator
kisses the air after her.

RED QUILL, POEMarium: Poetic Parley – 48, Motif : "MAA SARASWATI", poem neither less than 8 lines nor more than 16 lines

ПРЕВЪЗХОДСТВО

Интимно влязох в кръговрата
на раждането и смъртта -
от волята неосъзната
до промислите на плътта.

И инстинктивно оцелявам
в часовниковата душа -
чудовищната й направа
ме кара да я разруша.

Но в погледа ми се разпръсва
вълната, гневно придошла,
и спусъкът се гали в пръста
над пърхащите ни тела.

СЕРТИФИКАТ за изключителен принос от международен литературен конкурс № 6 в дебата на тема: „Управление на времето", POETRY EDUCATION ACADEMY / Поетична образователна академия, Нигерия

SUPERIORITY

I entered intimately in the circle
Of birth and death -
by the unconscious will
to providence over the flesh.

And I instinctively survive
in the clock soul -
its monstrous making
makes me destroy it.

The wave came angrily,
it scattered in my eyes.
And the trigger caresses the finger
over our fluttering bodies.

CERTIFICATE for outstanding contribution from international literary competition № 6 in the debate on the topic: "Time Management", POETRY EDUCATION ACADEMY, Nigeria

ОГНЕНИ ФАНТАЗИИ

Бях лунен прилив, плиснал слънчев знак –
светлинен дъжд прозорците разнежи.
И стаята внезапно осъзна
прегръдките ни летни, неизбежни.

Със звездната вихрушка си дошла –
сияйна, безпределна, ненагледна –
припламналите ангелски крила
космическия ритъм да възседнат.

Небесна ласка да ни възвиси
в мига, преди със здрача да отминем.
Разгръщах огнените ти коси
и преоткривах ери и богини

ЧЕРВЕНО ПЕРО, POEMarium,Poetic Parley-61, тема: „ОГЪН ОТ ЖЕЛАНИЕ", стихотворение от 8 до 16 реда; СРЕБЪРЕН ВАЛЕНТИН, Literature Lovers' Association, конкурс № 70, вариант до 24 думи; БРОНЗОВА ЗВЕЗДА, GLOBAL LITERARY SOCIETY - вариант до 40 думи, тема: „Поезия"

FIRE FANTASIES

I was a moon tide, a splashing sun sign -
glowing rain made the windows gentle.
The room suddenly realized
our inevitable, summer embraces.

With the star whirlwind you have came –
my radiant, boundless love -
our flaming angel wings
to fly with the cosmic rhythm.

Heavenly caress to exalt us in the moment
before we to leave with the dusk.
I was deploying your fiery hair
And rediscovered eras and goddesses.

RED QUILL ,POEMarium, конкурс № 61, Motif: „FIRE of DESIRE ", from 8 to 16 lines;
SILVER VALENTINE, Literature Lovers' Association, competition № 70, version up to 24 words;
BRONZ STAR, GLOBAL LITERARY SOCIETY ,WMPC # 18, Topic – POETRY, variant poem of four lines not exceeding ten words in a line and forty words as a whole, 2019

ИЗГУБЕНИ И ПРЕОТКРИТИ

Бяхме на ръка разстояние в залата на бляновете.
Усещах вибрации помежду ни,
иносказания на непозната азбука .
Виждах усмивката ти през мен към вселената.
Не преминах въображаемата граница на близостта.
За дълго се изгубихме в превода на емоциите.
Изминали бяха векове и епохи.
И тогава те открих за своя нов прочит.
Разпознах те сякаш след много прераждания.
Нямаше тайни за мен в символите на поезията
след срещата с многоезични шедьоври,
озарени с Божия промисъл.

В планетарната антология THE WAY WE WERE/"ПЪТЯТ, НА КОЙТО БЯХМЕ", POETRY PLANET, Полша, 2020;

СИНЬО ПЕРО, POEMarium стихотворение по цитат № 11, тема: „Поезия е онова, което се губи при превода" Робърт Фрост;

ROSAS Y ORQUÍDEAS POÉTICAS Сертификат за отлични резултати в "Световния ден на поезията", Сан Джулиано ди Пуля, Италия

LOST AND REDISCOVERED

We were within a hand distance
in the temple of dreams.
I could feel vibrations between us,
allegories of an unknown alphabet.
Your smile was rising through me
to the universe.

I didn't passed
the imaginary boundary of closeness.
For a long time, we were losing ourselves
in the translation of emotions -
centuries and epochs have been passed.

And then I discovered you
for for our new read.
I recognized you after many reincarnations.
There were no secrets for me
in the symbols of poetry
after I met multilingual masterpieces,
illuminated by God's providence.

In planetary anthology THE WAY WE WERE, POETRY PLANET, Poland, 2020;
POEMarium, Quote Poem – 11, topic: "Poetry is what gets lost in translation" - Robert Frost, Blue Quill;

ROSAS Y ORQUÍDEAS POÉTICAS, certificate of recognition ROSES AND POETIC ORCHIDS on the occasion of "World Poetry Day" in San Giuliano di Puglia, Italy

СЕЛФИ

Долавяш мислите ми,
преди да съм ги формулирал,
четеш Акашовите записи
и пентаграмът на челото ти
вечерните ни снимки озарява.

СРЕБЪРНА ЗВЕЗДА, LITERATURE LOVERS' ASSOCIATION, конкурс № 81, тема: „СЕЛФИ" , стихотворение до 24 думи

SELFIE

You sense my thoughts,
before I have formulated them,
you read the Akashic Records
and a pentagram on your forehead
illuminates our evening selfies.

SILVER STAR, LITERATURE LOVERS' ASSOCIATION, Competition № 81, poem till 24 words, Topic: Selfie

УТРИНЕН БЛЯН

Взривихме с вопли стаята
и Бог ни пощади –
косите ти ухаеха
на сняг и на звезди.

Експлозии разплискваха
безбрежна светлина
и мракът изтъня.
И те преброждах призрачно.

Интимно светотатстваха
небесните искри
и с ореол в душата ми
свещта те възцари.

В антология SCENTSIBILITY/"АРОМАТИ", издателство GMGA Publishing and Pixel & Feather Graphic Designs & Digital Services, Филипини, 2020

MORNING DREAM

We blew up the room with groans
and God spared us -
your hair smelled
of snow and stars.

Explosions scattered
endless light -
the darkness was getting thinner.
And I wandered over them ghostly.

The celestial sparks
were an intimate sacrilege
and the candle reigned
With a halo in my soul.

In SCENTSIBILITY Anthology, GMGA Publishing and Pixel & Feather Graphic Designs & Digital Services, Philippines, 2020

НЕБЕСНА МИТОЛОГИЯ

Кърви антично розата със слънчев трън в сърцето –
оттук насетне нито миг покой.
Петите ахилесови пришпорват мимолетно
светлинната ни диря, порив мой.

Познах богинята на любовта и поглед свише
я превъзнесе с лунен ореол
и Млечните ни пътища възторжено прииждат
през тъмните недра на звезден ствол.

Възпявам огнения знак и нека Бог ме съди
с небесната ми драма или фарс.
За призрачните взривове. За ядрения гъдел.
За сливането на Венера с Марс.

В антология на съвременната световна поезия, ATUNIS GALAXY ANTHOLOGY, 2021;
ЧЕРВЕНО ПЕРО, POEMarium,Poetic Parley-58, тема: „Преданост/ привързаност/ посвещаване", от 8 до 16 реда

HEAVENLY MYTHOLOGY

The rose antique bleeds
with a sun thorn in the heart -
henceforth not a moment's rest.
Achilles' heels momentarily spur
our light trail, my impulse.

I recognized the goddess of love
and a look from above exalted her with a lunar halo
and our Milky Way is coming enthusiastically
through the dark bowels of a star trunk.

I chant the sign of fire
and may God judge me
With my heavenly drama or farce.
About the ghostly explosions.
About the nuclear tickle.
About the merging Venus with Mars.

In ATUNIS GALAXY ANTHOLOGY, anthology of contemporary world poetry, 2021;
RED QUILL, POEMarium, конкурс № 58, Motif: „DEVOTION", from 8 to 16 lines

СЛЪНЧЕВ БРЯГ

бездните от сол
прегръдките от пясък
плач на гларуси
неудържим в прибоя
в стъпките разплиснати

ПЪРВА НАГРАДА, POETRY PLANET, конкурс № 117, гогьоши

SUNNY BEACH

The abysses from salt
The hugs of sand
A crying of seagulls
Unstoppable in the surf
In the scattered footprints

FIRST PRIZE, POETRY PLANET, # word 117, gogyoshi

ПРЕЗ ВЕКОВЕТЕ

Струни на арфа -
в колективната памет
живее митът за Орфей.
Музика от небесните сфери
ни превъзнася.
Продължаваме окуражени в бъдещето.

В антология на съвременната световна поезия, ATUNIS GALAXY ANTHOLOGY, 2021;
СРЕБЪРНА ЗВЕЗДА, LITERATURE LOVERS' ASSOCIATION, конкурс № 76, тема: „Кураж" до 24 думи

THROUGH THE AGES

Strings of harp –
the myth of Orpheus
lives in collective memory.
Music from celestial spheres
exalts us.
We continue with spunk
In the future.

In ATUNIS GALAXY ANTHOLOGY, anthology of contemporary world poetry, 2021;
SILVER STAR, LITERATURE LOVERS' ASSOCIATION, Competition № 76, poem till 24 words, Topic – Spun

*

Гинко билоба -
антично безвремие
на любовта и светлината
в Райската градина.
Слънчеви зайчета.
Барокови фигури
леко потръпват
в свещените притчи.

ЗЛАТНА ЗВЕЗДА, LITERATURE LOVERS' ASSOCIATION, конкурс № 82, тема: „Кротък/Мек/Благ", стихотворение до 24 думи

*

Ginkgo biloba -
an ancient timelessness
of the love and light
in Garden of Eden.
Sunny bunnies.
Baroque figures
mild tremble
In the sacred parables.

GOLD STAR, LITERATURE LOVERS' ASSOCIATION Contest 82, motif: Mild

НОЩНИ РАКУРСИ
NIGHT FORESHORTENINGS

СИЯЙНИ КЛАВИШИ

Изпълваш ме с присъствие,
небесна светлина
душата ми възкръснала
за мълнии копня.
За страсти превъзмогнати,
за блянове отвъд
любовни апологии
над нас благовестят.
Вселената с отключени
съзвездия звънти.
Божествени съзвучия.
Неведоми врати.

В планетарната антология REWRITE THE STARS/ПРЕНАПИШЕТЕ ЗВЕЗДИТЕ,, POETRY PLANET, Колумбия, САЩ , 2020
НАГРАДА, POETRY PLANET, песен 89;
ПЛАТИНЕНА ЗВЕЗДА, LITERATURE LOVERS' ASSOCIATION, конкурс № 69, тема: „ДОВЕРИЕ", вариант до 24 думи;

НАГРАДА, KONECT E-ZINE, във вариант на шестстишие, тема „Светлина и надежда за всички страни", юни, 2020

SHINING KEYS

You fill me with presence,
heavenly light -
my resurrected soul
yearned for lightning .
For overcoming passions,
for a dreams beyond -
a Guardian angel
is wearing Annunciation.
The universe with unlocked
constellations is ringing.
Divine chords.
Unknown doors.

In planetary anthology REWRITE THE STARS, POETRY PLANET, Columbia, USA, 2020
Appreciation AWARD, POETRY PLANET, song 89;
PLATINUM STAR, LITERATURE LOVERS' ASSOCIATION, Competition № 69, variant till 24 words, Topic – TRUST;
AWARD, KONECT E-ZINE, version of six lines, June, 2020

ОГЛЕДАЛО

Изяснявам същността си
в огледалото на деня.
Безброй лица се губят по пътя.
Божия сила движи галактиките.

В антология на съвременната световна поезия, ATUNIS GALAXY ANTHOLOGY, 2021;
ЗЛАТНА ЗВЕЗДА, LITERATURE LOVERS' ASSOCIATION, конкурс № 72, тема: „Огледало" стихотворение до 24 думи

MIRROR

I clarify my essence
in the mirror of the day.
Countless faces are lost
along the way.
God's power moves the galaxies.

In ATUNIS GALAXY ANTHOLOGY, anthology of contemporary world poetry, 2021;
GOLD STAR, LITERATURE LOVERS' ASSOCIATION, Competition № 72, till 24 words, Topic – Mirror

ВИСОКИ ПРОСТРАНСТВА

Въртопите във времената шеметно пребродих,
където полумракът въплъщава
загадъчни империи и войнствени народи,
потънали в руини и забрава.

Какви блестящи шлемоносци в нищото пропадат -
сиятелства, издухани безследно -
и ветрове, и пясъци ме смилат безпощадно,
и пирова е моята победа.

Кървят непримирими шпори - хрипове разсичат
отмиращи и бъдни мигновения.
И този денонощен зов родител е на всичко,
от пламналите мисли просветлен.

СЕРТИФИКАТ за изключителен принос от международен литературен конкурс № 6 в дебата на тема: „Управление на времето", POETRY EDUCATION ACADEMY / Поетична образователна академия, Нигерия

HIGH SPACES

I dizzyingly traversed the vortices of time,
where the semi-darkness embodies
mysterious empires and warring nations,
sunk in ruins and oblivion.

What shining helmet-bearers are lost in the nothing -
Excellencies blown away without a trace -
and winds and sands grind me up mercilessly,
and my victory is Pyrrhic.

Irreconcilable spurs bleed - rales are cutting
dying and future moments.
And this round-the-clock watch is the parent of everything,
enlightened from the blazing thoughts .

CERTIFICATE for outstanding contribution from international literary competition № 6 in the debate on the topic: "Time Management", POETRY EDUCATION ACADEMY, Nigeria

*

Мои са бреговете на Марица
със селищата над водата.
Речни аметисти ме размесват
в калейдоскопи със звезди.
Пия през тръстиките
вихрите на моето раждане.

ПЛАТИНЕНА ЗВЕЗДА, LITERATURE LOVERS' ASSOCIATION, конкурс № 80, тема: „Вода", до 24 думи;
ЗЛАТНА ЗВЕЗДА за принос в световната литература, GLOBAL LITERARY SOCIETY , конкурс № 10 , тема: „Родина", вариант на стихотворението до четиридесет думи, 2019

*

Maritza's coasts,
settlements over the water are mine.
River amethysts mix me
in kaleidoscopes with stars.
I drink through reeds
whirlwinds of my birth.

PLATINUM STAR, LITERATURE LOVERS' ASSOCIATION, Contest_80, motif: "WATER", poem till 24 words;
GOLD STAR, GLOBAL LITERARY SOCIETY , 2019, WMPC # 10 , poem of four lines not exceeding ten words in a line and forty words as a whole, topic: "Homeland", 2019

БЕЗ ПРЕДЕЛ

В памет на нашия небесен кум Тодор Биков

Все още мокър е паважът,
а листата сухи -
- навярно полет да предскажат
странстващите духом.

Разплиснати сме сънно призори
в облачни представи
и капките сияят бисерни,
слънцето прославят.

Преобразени сме да вдишваме
утрото епично.
И от селенията Свише
Бог да ни обича.

НАГРАДА, POETRY PLANET, предизвикателство за поезия, конкурс 122, тема: „Щастието е...”

WITHOUT LIMIT

In memory of our heavenly best man the poet Todor Bikov

The pavement is still wet,
and the leaves - dry -
perhaps wanderers in spirit
to predict a flight.

We are sleepy scattered at dawn
in cloudy performances
and the drops pearly shine ,
they glorify the sun .

We are transformed to breathe
the epic morning .
And God to love us
from the settlements Above.

Appreciation AWARD, POETRY PLANET, Motion Poetry Challenge, word 122Words, motif: “ The happiness is…”

СВЕТЛА АУРА

Най-свидната усмивка на света
и погледа възвишен
поисках в стихове да въплътя,
със светлина да пиша.
И силата на приливна вълна
почувствах в твоя порив -
и здрачът истинското ми лице позна,
издигна ме нагоре.
Сърцето ми изпълни звездна кръв -
пламти безкраят влюбен
и хиляди слънца над нас искрят,
за да не се изгубим.

СИНЬО ПЕРО, POEMarium, конкурс № 12,стихотворение от 8 до 12 реда, тема: „Поезията е изкуството да обединяваш удоволствието с истината" - Самюъл Джонсън

AURA FROM LIGHT

"Poetry is the art of uniting pleasure with truth." - Samuel Johnson

I wanted to write with light and joy,
in my verses to embody
the most precious smile on the world
and a sublime vision.

I felt the tidal wave power
in your urge.
And the dusk recognized my true face,
lifted me up.

Stellar blood filled my heart -
the infinitude blazes in love
thousands of suns sparkle over us,
so we don't get lost.

BLUE QUILL, POEMarium, QUOTE-POEM: – 12, Motif: "Poetry is the art of uniting pleasure with truth." – Samuel Johnson", poem neither less than 8 lines nor more than 12 lines

ВИЗИОНЕРИ

Мечтаехме да бъдем замразени
и ледена фъртуна да разкрие
пролуките към бъдещи вселени,
където съвършени ще сме ние.

В бленувания междузвезден скок
преброждахме небесните простори -
представяхме си извънземни кораби,
предчувстваните срещи с Бог.

Мечтаехме възвишени и чисти.
И в мигове дори на звездна гибел,
пришпорвахме кентаври и амфибии.
Велико време на идеалисти.

В планетарната антология REWRITE THE STARS/ПРЕНАПИШЕТЕ ЗВЕЗДИТЕ, POETRY PLANET, Колумбия, САЩ , 2020;
НАГРАДА, Konect E-ZINE, версия в шестстишие, тема: „Мечта", ноември 2020

DREAMERS

We dreamed to be in hibernation -
icy whirlwinds discover
portals to future universes
where we would be perfect.

We imagined wandering
with interstellar ships
through the cosmic space
and meetings with the life
on other planets
to clarify our imagine
for the universe.

We were exalted in our dreams
for our future encounters with God.
And in moments even of stellar death,
we rode centaurs and amphibians.

Great time of idealists.

In planetary anthology REWRITE THE STARS, POETRY PLANET, Columbia, USA, 2020;
AWARD, Konect E-ZINE, version in the sixth verse, theme: "Dream", November 2020

УТРИННИ ПРИДИХАНИЯ

Светлинни кули –
Ефирното семейство
На предците ни
В архитектониката
На съня блести.

ВТОРАТА АНТОЛОГИЯ НА СВЕТОВНОТО ГОГЬОШИ, Сан Бернандино, САЩ, 2020

MORNING ASPIRATIONS

Light towers -
The ethereal family
Of our ancestors
In the architectonics
Of the dreams shines.

THE SECOND ANTHOLOGYOF WORLD GOGYOSHI, San Bernandino,USA, 2020

ПЪТУВАНЕ

Побелявам сред листи разпръснати
в пътешествия на мисълта.
Мой приятел гуру ме връща в Тибет,
когато съм бил шаман в друг живот.
И съм винт. Колело. И човечество.
Божия искра ме откри.
Вярвам във високия символ
На синята планета.

НАГРАДА, Konect E_ZINE, осемстишие, тема: „пътуване по света от обект с буква "Т"", юли 2020

TRAVELING

I turn white among the scattered leaves
in journeys of the thoughts.
My friend, guru, brings me back
in Tibet when I have been a shaman in another life.
And I'm a screw. A wheel. And humanity.
God's spark found me.
I believe in the high symbol
on the blue planet.

AWARD, Konect E-ZINE ,SIJO, eight lines, topic: "traveling around the world from an object with the letter "T"", July, 2020

ЛЪЧИСТО ЧОВЕЧЕСТВО

Кълбо от светлини проблесна
във вихъра неукротим -
летяхме сякаш в снежна бездна,
към цъфналия връх летим.

Звънти платинено капчукът
по клонките със звездна скреж
и хиляди слънца разпукват
гигантския световъртеж.

Отечество ни е безкраят -
шурти в очите Млечен път
и звездобройци в нас витаят -
небесния декор въртят.

И нека ден и нощ се сменят,
и се превръщаме в лъчи -
дори и в пъпките зелени
космическият химн звучи.

„НАГРАДА ЗА НАЙ-ДОБЪР УЧИТЕЛ", АКАДЕМИЯ ЗА ПОЕЗИЯ (Нигерия), Международен литературен дебат, тема: „Хуманност и сигурност" стихотворение 16- 26 реда;
ЗЛАТНА ЗВЕЗДА за принос в световната литература, GLOBAL LITERARY SOCIETY , конкурс № 8, тема: „Хуманност", вариант до 40 думи

RADIANT HUMANITY

A globe of lights flashed
in the whirlwind untamed -
we were flying as if into a snowy abyss.
To the blooming peak we are flying.

Platinum drops are ringing
on the branches with stellar frost
and thousands of suns burst
in the gigantic vertigo.

The infinity is our homeland -
the Milky Way shines in the eyes
and star-gazer in us wander -
the celestial decor is rotating.

And let day and night change,
and we transform in rays -
even in the green spring buds
The space anthem sounds.

BEST TEACHER AWARD, POETRY ACADEMY (Nigeria), the international contemporary literary debate contest, Topic: "Humanity and Security", poem 16 - 26 lines;
GOLD STAR AWARD, GLOBAL LITERARY SOCIETY , WMPC # 8 , Topic - Humanity, variant up to 40 word

БДЕНИЯ

„Поезията се ражда от най-високото щастие или най-дълбоката скръб."
- A P J Abdul Kalam

Изплуват формите размити
от призрачните глъбини –
гигантски сблъсък на звездите
нощта до дъно проясни.
И ни разделя. Без пощада.
Възвишена. И мнима. Смърт.
И се въздига. И пропада.
Светлинната вълна. Отвъд.
Предчувствах бездната,
прибоя и грохот лунен ме зове.
Небесна моя. Свидна моя.
Чрез теб общувам с богове.

СИНЬО ПЕРО, POEMarium, стихотворение по цитат № 16, от 8 до 12 реда, тема: „Поезията се ражда от най-високото щастие или най-дълбоката скръб" - A P J Abdul Kalam

VIGILS

"Poetry comes from the highest happiness or the deepest sorrow." - A P J Abdul Kalam

Misty forms emerge
from the depths of the universe.
A giant eruption of stars,
illuminations the night.

And it divides us. No mercy.
Sublime. And imaginary. Death.
And it rises. And it perishes.
A wave from light. Beyond.

I sensed the abyss,
the surf the moon's rumble calls me.
My heavenly woman. Exalted mine.
Through you I communicate with Gods.

BLUE QUILL, POEMarium: QUOTE-POEM: 16, Motif : the motif: "Poetry comes from the highest happiness or the deepest sorrow." - A P J Abdul Kalam, poem neither less than 8 lines nor more than 12 lines

ПАСТОРАЛ

"... поетите живеят с живата светлина на природата и красотата." - Г. Бейли

Недосегаеми, неистински
проблясват пътните врати -
небесни чанове избистрят
върха, преди да отлети.

Прозвънват нар, чимшир, смоковница -
бръшлян приспива всеки звук,
и само словеса съдбовни
слухът възпроизвежда тук.

Кръжи в прозорците угаснали
жарта на бивши светове
и звезден вихър се възнася
наново да ги основе.

СИНЬО ПЕРО, POEMarium, стихотворение по цитат № 15, от 8 до 12 реда, тема: "... поетите живеят с живата светлина на природата и красотата." - Г. Бейли

PASTORAL

"... poets live upon the living light of nature and beauty." - G. Bailey

Unreal, untouchable,
shining, road doors -
celestial bells are clarifying the top,
before flying off.

Pomegranate, boxwood, fig tree are ringing
ivy lulls every sound,
and the hearing reproduces here
only fateful words

Light of former worlds
are hovering in the twilight windows
and a star vortex is going up
Again to create them.

BLUE QUILL, POEMarium: QUOTE-POEM: 15, the motif: "... poets live upon the living light of nature and beauty." - G. Bailey, poem neither less than 8 lines nor more than 12 lines

НЕБЕСНА МУЗИКА

Баща ми бе с бомбе и шлифер,
честен, всеотдаен, мълчалив –
приятелите му го обожаваха -
внушаваше им достолепие и мъдрост .

Изкачваше едни и същи улици
с велосипеда, устремен към вечността -
гледахме как силуетът му пресича
парада на звездите.
Времето бе спряло сякаш
в една хоризонтална линия.

Светът бе разделен на две свръхсили,
а той ми подари невероятен глобус
и всички континенти грейваха
при всякое завъртане.
В сърцето на Европа бях
с готическите катедрали,
а в бляновете си – на Изток,
където се търкулва слънцето.

Стрелките на сферични циферблати трепват,
от звън на ангелски велосипеди.

В планетарна антология за бащата THE REAL HERO/ ИСТИНСКИЯТ ГЕРОЙ, POETRY PLANET, 2020

HEAVENLY MUSIC

My father was wearing a bowler hat and mackintosh,
honest, dedicated, silent -
his friends adored him
he instilled in them dignity and wisdom.

He was climbing in the same streets
with the bicycle, aspiring to eternity -
we watched his silhouette crossed
the parade of stars.
The time seemed to stand still
in a horizontal line.

The world was divided into two superpowers,
but he gave me an amazing globe
and all the continents were shining
at every turning.
I was in the heart of Europe
with Gothic cathedrals,
and in mine dreams - to the East,
from where the sun starting.

The hands of the spherical dials flicker,
from sounds of angelic bicycles.

In planetary anthology for the father THE REAL HERO, POETRY PLANET, 2020

*

Великите учители на древността
живеят в своите послания.
Уединение и самоизолация -
благословени цикли да потърсим
във войната с Ковид,
разбираме блаженството
и мъдростта на Словото.
Молитва, възвисявана с любов
и светлина в безкрайната вселена.

НАГРАДА, Konect E-ZINE , осемстишие, тема: „завъртете молитвеното колело и възпявайте мантрата на щастието и доброто здраве за човешко благополучие", юли 2020

*

Great teachers of ancient times
are living in their messages.
In solitude and self-isolation
we seek blessed wheels in the war with Covid,
we comprehend the bliss
and wisdom of the Word.
Prayer elevated with love and light
in the infinity universe.

AWARD, Konect E-ZINE, poem of eight verses, theme: "spin the prayer wheel and chant the mantra of happiness and good health for human well being", July 2020

КОВИД-19

Война с невидим враг
през високосната година -
без да избира стар и млад,
душата поразила и дъха.

Как да преминем изпитанията -
зависи колко са големи нашите сърца.

Музика от други времена сме,
от небесните сфери -
звезден прах по-стар от слънцето.
Безкрайността е нашето отечество.
Бог да бъде с нас,
за да спаси живота
и човечеството.

В световна поетична антология за Ковид - 19, MUSINGS DURING A TIME OF PANDEMIKC / „РАЗМИШЛЕНИЯ ПО ВРЕМЕ НА ПАНДЕМИЯ", Кения, 2020;
СЕРТИФИКАТ за принос в световната литература, GLOBAL LITERARY SOCIETY , конкурс № 6, тема: „Пандемия - Ковид -19", вариант до 40 думи;
СЕРТИФИКАТ за ангажираност от Световната здравна организация

A PANDEMIC COVID-19

A war with an invisible enemy
through the Leap Year -
without it choosing old, young,
striking the breath
and the soul.
How to pass tribulations –
depends how big our hearts are .
We are music from other times,
from the celestial spheres -
star dust older than the sun.
The infinity is our fatherland.
God be with us
to save the life
and humanity.

In MUSINGS DURING A TIME OF PANDEMIKC, A World Anthology of Poems on Covid - 19, Kenya, 2020;
SERTIFICATE for Excellent contributions to literature, GLOBAL LITERARY SOCIETY, FMPC#6, Topic - COVID-19: A PANDEMIC, variant to 40 words;
CERTIFICATE of commitment from the World Health Organization

ГАРА ДЪБЕНЕ

Трева расте по покрива,
вратите са отнесени.
Оттук минавал някога Апостола *-
къде сте, братя, байовци,
„пътници с път през косата." **

* Васил Левски – Апостола, български национален герой, идеолог и организатор на българската революция
** с почит към големия български поет Иван Динков

В световна антология I CAN'T BREATHE, Кения, 2021

STATION DUBENE

Grass grows on the roof,
the doors are taken away.
Apostle* ever passed by -
where are you, brothers, adherents,
"passengers with a road through the hair" **

* Vasil Levski - Apostle, Bulgarian national hero, ideologist and organizer of the Bulgarian Revolution
** with respect to the great Bulgarian poet Ivan Dinkov

In the world anthology I CAN'T BREATHE, Kenya, 2021

СОЦИАЛНА ДИСТАНЦИЯ

Ето ме – размит,
размазан, размножен
в стъкления свод на циферблата –
форма и флуид
от бликналия ден,
светлина, в утробата излята.

Може би са знак,
а може би не са –
тия блясъци са моя дреха –
лунен прахоляк
издухах начаса,
пещерни нагони ме обзеха.

В хищно битие
към хаос врата
нечий нечовешки вой разкърти
и не знам кое
цветче ще въплътят
кълновете подир всички смърти.

Антология LOCKDOWN DIARIES - My COVID Experience /„ЗАКЛЮЧЕНИ ДНЕВНИЦИ", Моят COVID опит, POETRY PLANET, 2020

SOCIAL DISTANCING

Here I am - fuzzy,
blurry, pmultiplied
in the glass vault of the dial -
a shape and fluid
from the day flow,
light, poured out into the womb.

Maybe they are a sign,
maybe they are not -
these glitters are my clothes -
a moon dust blew
in the moment,
cave instincts seized me.

In a predatory life,
some non-human howl
opened the door of chaos
and I do not know which flowers
will incarnate the sprouts
after all deaths.

Anthology LOCKDOWN DIARIES My COVID Experience by POETRY PLANET, 2020

ОТЛОЖЕНО ПРАВОСЪДИЕ

Тревите ни връщат пространството на други времена,
когато тези над нас падат по мистериозна причина -
нашите предчувствия излизат на бял свят.
Бог никога не забравя, въпреки че е забавил възмездието.

СЕРТИФИКАТ за принос към световната литература GLOBAL LITERARY SOCIETY, конкурс № 2, Тема - „Забавено правосъдие", стихотворение до 40 думи

DELAYED JADGEMENT

The grasses give us back the space of other times,
when those above us fall for a mysterious reason -
our premonitions come to light.
God never forgets, though he has delayed Judgement.

CERTIFICATE of appreciation "for contributions to world literature" GLOBAL LITERARY SOCIETY, FMPC#2, Topic - Delayed Judgement, poem up to 40 words

СБЪДНАТИ ВИДЕНИЯ
FULFILLED VISIONS

*

Звезден ритъм ме изпълва.
Бяла светлина –
пулсът на вселената
извисява всяко стръкче.
Хиляди слънца туптят,
сякаш сме отново сътворени.

СРЕБЪРНА ЗВЕЗДА, LITERATURE LOVERS' ASSOCIATION, конкурс № 79, тема: „ТУП/БИЯ/УДРЯМ/ТУПТЯ" до 24 думи

*

Star rhythm fills me.
White light -
the pulse of the universe
beats in each stalk.
Thousands of suns thump,
as if we were re-created.

SILVER STAR, LITERATURE LOVERS' ASSOCIATION, Competition № 79, till 24 words, Topic - Thump

FORTISSIMO

Зелената искра на развигора
взриви графитните ни силуети
и флейтата на слънчев лъч засвети,
и възгласи съзвучно ме настройват.

Дочитам изгрева на нова ерес
и вихрени импулси ни размятат –
всевишен подпис драсна светлината
и всеки своето лице намери.

Клавиш съм на невидимо пиано,
пламтящ зигзаг с душа безбрежносиня
и нека бъдещето е родина
за тия гами – днес ако е рано.

Контурите на преспите димят,
издишват тъмен сняг, библейски сбръчкан
и птичето в гърдите ми подцвърча,
прескочило и тази зимна скръб.

СИНЬО ПЕРО, POEMarium, конкурс № 50, от 8 до 16 реда, тема: „ПРОЛЕТТА - чистач на ТЪГАТА";
БРОНЗОВА ЗВЕЗДА за принос в световната литература, GLOBAL LITERARY SOCIETY , конкурс № 6, тема: „Правдивост", вариант до 40 думи

FORTISSIMO

The green sparkle of the pre-spring wind
explodes in our graphite silhouettes
and the flute of the sunlight shine,
and the cries are in tune with me.

I read the rising of a new truth
and swirling impulses shuffle us -
Highest signature scattered the light
and everyone himself face discovers.

I am a key of an invisible piano,
a flaming zigzag with a endless-blue soul
and let the future be a homeland
for these chords - today if it's early.

The contours of the snowdrifts are smoking,
are exhaling dark snow, biblical wrinkled
and the bird in my breasts is screaming,
skipped the white sorrow of winter.

BLUE QUILL, POEMarium: Poetic Parley - 49, Motif: "SPRING - Scavenger of SORROW", poem neither less than 8 lines nor more than 16 lines;

BRONZE STAR for contribution to world literature, GLOBAL LITERARY SOCIETY, competition № 6, Topic: Truthfulness, version up to 40 words

ПРОЛЕТНИ СЪЗВУЧИЯ

Свърши безкрайно дългата ми зима
и с радост хвърлям тъмния балтон –
избухват багрите неудържимо
в прозорците, откъснали простор.

Навън от канцеларии и стаи –
да бъдем неразумни този път –
до изнемога чак да ни замаят
уханията на цветя и пръст.

Потоците виделина да плиснат -
посоките отвсякъде да блеснат
и утрото да срещне с чисти мисли
възкръсналите славееви песни.

В антология SCENTSIBILITY / „АРОМАТИ", издателство GMGA Publishing and Pixel & Feather Graphic Designs & Digital Services, Филипини, 2020;

ЧЕРВЕНО ПЕРО, POEMarium, конкурс № 50, от 8 до 16 реда, тема: „Пролетни звуци"

SPRING SOUNDS

I'm happy to throw my dark coat,
my long winter is over -
dyes explode unstoppable
in the windows with spring sounds.

Outside from offices and rooms -
to be irrationals this time -
until the point, when we will be dizzy
with scents of flowers and grasses .

The streams of light are splashing
stretched everywhere directions
and the morning are meeting with pure thoughts
the resurrected songs of nightingales.

In SCENTSIBILITY Anthology, GMGA Publishing and Pixel & Feather Graphic Designs & Digital Services, Philippines, 2020;

RED QUILL, POEMarium: Poetic Parley - 50 Motif : SOUNDS OF SPRING, poem neither less than 8 lines nor more than 16 lines

*

Надничa слънцето през облак,
пчела опрашва цъфналия здравец.
Благоуханен аромат
на мед се носи
през сезоните
на моята възхита.

СРЕБЪРНА ЗВЕЗДА от LITERATURE LOVERS' ASSOCIATION, конкурс № 86, тема: „Мед", стихотворение до 24 думи, от 4 до 8 стиха, максимум 6 думи на ред

*

The sun peeks through a cloud,
bees pollinate the flowering geranium.
The flight carries
the scent of honey
during the seasons
of my admiration.

SILVER STAR from LITERATURE LOVERS' ASSOCIATION, Contest # 86, Topic - "Honey", for a poem up to 24 words, from 4 to 8

СВЕТЛИННИ ИМПУЛСИ

Движението ми предрича
контурите на някой друг,
а всички усети езически
ме връщат неизменно тук.

Прегърнал класовете царствени,
над хлебните поля се нося -
една илюзия прекрасна
между отчайващи въпроси.

И светлината сякаш диша
във вакханалия от форми -
и съм зелена еуфория
върху руините предишни.

Разсейва ме из необятата
материята озарена
и връхчето на сетивата
докосва цялата вселена.

ЧЕРВЕНО ПЕРО, POEMarium, конкурс № 53, от 8 до 16 реда, тема: „Мимолетна флора";
СЕРТИФИКАТ за признание „принос в литературата", BRAINBUD за вариант до 40 думи

LIGHT IMPULSES

My movement predicts
the outlines of someone else,
but all the primary sensations
bring back me invariably here.

I fly over the wheat fields,
embracing the royal classes
an illusion splendid
between desperate questions.

And the light seems to breathe
in a bacchanalia of forms -
and I'm a green euphoria
on the previous ruins.

The illuminate matter
disperses me in the infinity
and the tip of the senses
touches the whole universe.

RED QUILL, POEMarium: Poetic Parley - 53 Motif : Fleeting Flora, poem neither less than 8 lines nor more than 16 lines;

CERTIFICATE for Appreciation "for contributions to literature", BRAINBUD for a variant till 40 words

ЦЕЛУВКА НА ПЕПЕРУДА

Бисерна роса по хризантемите,
полети на пеперуда.
Утринни потоци
отразяват парченца небе
в огледалните капки.
Блясък на световната слава.
Нашата синя планета
в космически ритъм
преоткрива своите траектории.
Навъзбог озарена
от слънчеви пориви –
изгрява небесна дъга.
Звездни пространства,
съня сублимирали –
неочаквани метаморфози
ни възвисяват.

НАГРАДА, POETRY PLANET, предизвикателство за поезия, конкурс 124, тема: „ЦЕЛУВКА НА ПЕПЕРУДА", стихотворение от 15 до 30 реда

KISS OF A BUTTERFLY

Pearly dew on the chrysanthemums,
flights of a butterfly.
Morning streams
reflect small pieces of sky
in mirror drops.
Brilliance of world fame.
Our blue planet
in a cosmic rhythm
rediscovers its trajectories.
Close to God
illuminated by solar gusts -
a celestial rainbow rises.
Star spaces,
the sleep sublimated -
unexpected metamorphoses
are exalting us.

Appreciation AWARD, POETRY PLANET, Motion Poetry Challenge, word 124Words, motif: " Kiss of a Butterfly", poem from 15 to 30 lines

ПЛАСТИКА ОТ ДУМИ

Припламна в мен, неистово взриви тротила на момчешкото ми тяло -
и оня древен всеотдаен вик прониза същността ми вакханално.
И бяла блузка в дънкова пола ми се усмихва
все по-отчуждено - напомняхме на статуи
от бронз и розов мрамор –
преди да влезем
в млечната мъгла
на спомена
несъразмерно.

Солта по кожата сега е дъхав мед.

В антология SCENTSIBILITY/"АРОМАТИ", издателство GMGA Publishing and Pixel & Feather Graphic Designs & Digital Services, Филипини, 2020

PLASTIC OF WORDS

You ignited the imagination of the boy I was -
ancient cry pierced the essence of my youth.
A white blouse in a denim skirt
smiles me more and more alienated.
We resembled statues of bronze
and marble with blush -
before we become
fog into
memory.

The salt on the skin is now fragrant honey.

In SCENTSIBILITY Anthology, GMGA Publishing and Pixel & Feather Graphic Designs & Digital Services, Philippines, 2020

В ХИЛЯДОЛЕТНИЯ ГРАД ПЛОВДИВ

„Поезията е сестра на скръбта.“ - Марк Андре Хенри.

Обичах твоя смях над тия хълмове,
съжителството в няколко епохи
и в спомена ми бързо се разсъмваше
край зидовете с напластена охра.

Когато те изгубваха очите ми,
потъвах в реставрирания Пловдив –
сред младата тълпа печално скитах
с надеждата да те създам отново.

Така бе тъмен пътят на познанствата,
но под фенерите вървяхме златни
и въздухът трептеше от желание
да ни пресътворява многократно.

ЧЕРВЕНО ПЕРО, POEMarium, конкурс № 22 за стихотворение по цитат от 8 до 12 реда, тема: „Поезията е сестра на скръбта.“ - Марк Андре Хенри

IN THE MILLENNIAL TOWN PLOVDIV

“Poetry is the sister of sorrow.” - Marc Andre Henry.

I loved your laughter over these hills,
the coexists in several epochs
and in my memory it quickly dawned
near the walls with layered ocher.

When my eyes lost you,
I sank in the restored Plovdiv -
I wandered with sorrow among the young crowd
hoping to create you again.

The path of acquaintanceships was so dark,
but under the lanterns we walked golden
and the air trembled with desire
to recreate us repeatedly.

RED QUILL, POEMarium, Quote Poem-22, for a poem of minimum 8 lines and maximum 12 lines, the motif: “Poetry is the sister of sorrow.” - Marc Andre Henry

ВЕЧЕРНИ РИТМИ

Отива си в последни струи лятото,
гласът ръждясва в негърските блусове –
достойно плават лебеди,
а вятърът внезапно сменя
водната акустика.

Разтърсил цветни пръски,
грива трепетна –
далеч през деветте земи в десетата –
прогонва жегата,
с криле загребала
подплашените птици от дърветата.

Фонтанът разпилява светлината си.
Танцуват силуети влюбени.
Акорд подир акорд се губи.
Отива си в последни струи лятото.

НАГРАДА, POETRY PLANET, предизвикателство за поезия, конкурс 123, тема: „ТАНЦЪТ НА ЖИВОТА"

EVENING RHYTHMS

Summer is coming to an end,
the voice is bass in a Negro blues -
swans are swimming with dignity,
and the wind suddenly
changes the water acoustics.

Shaken colored splashes,
trembling mane -
far through nine lands in the tenth -
banishes the heat,
with her wings she scooped up
the frightened birds from the trees.

The fountain scatters its light.
Silhouettes of lovers dance.
Chord after chord is lost.
The summer is leaving with last sprays.

Appreciation AWARD, POETRY PLANET, Motion Poetry Challenge, word 123Words, motif: "Dance of life"

ВЪТРЕШЕН МОНОЛОГ

За всяко мъртво стръкче съм виновен,
за плевелния си живот дори
и ножът в мен ожесточено рови
из подсъзнателните пещери.

В кристалната утроба на мечтите
нахлух незабелязан и нечут -
нашествието предизвика смут
и звънна камертон от сталактити.

Посичам връхчетата неразумни
и леденият грохот ме троши
на многобройни залпове от думи
и писнали уши.

СИНЬО ПЕРО, POEMarium, конкурс № 64, тема: „Безсловесна реч", стихотворение от 8 до 16 реда;
Награда EXCELLENCE,POETRY PLANET, предизвикателство за поезия, конкурс 127, тема: „ДИВО ЦВЕТЕ", от 15 до 30 реда

INTERNAL MONOLOGUE

I'm guilty of every dead stalk,
for my weed life even
and the blade grubs fiercely in me
through the subconscious caves.

In the crystal womb of dreams
I entered unnoticed and unheard –
the invasion caused confusion
and a stalactite tuning fork rang.

I cut off the unreasonable tops
and the icy rumble shatters me
of numerous volleys of speechless words
and screaming ears.

BLUE QUILL, POEMarium, Poetic Parley # 64, poem from 8 to 16 lines, motif: "SPEECHLESS SPEECH";
EXELLENCE Award, POETRY PLANET, Motion Poetry Challenge, word 127Words, motif: "WILD FLOWER", from 15 to 30 lines

ВЪЗДУШНИ ПЪТИЩА

„Поезията е интелектът, оцветен от чувства." - Александър Уилсън

Къде ste, Велзевул и Бог,
властта ви да усетя –
аз вярвам в символа висок
на синята планета.

Аз вярвам в двете начала,
в направата небесна
и в закърнелите крила
дори на мракобеса.

Въздушни пътища искрят,
хиените се крият.
И светлата стихия
преобразява всяка смърт.

СИНЬО ПЕРО, POEMarium, стихотворение по цитат № 18, от 8 до 16 реда, тема: „Поезията е интелектът, оцветен от чувства" - Александър Уилсън

AIR ROADS

" Poetry is the intellect colored by feelings." - Alexander Wilson

Where are you, Beelzebub and God,
I to feel your power -
I believe in the high symbol
on the blue planet.

I believe in both principles,
in the heavenly making
and in the stunted wings
even of the obscurantist.

Air ways spark,
hyenas hide themselves.
And the element of light
transforms every death.

BLUE QUILL, POEMarium, Quote poem -18, from 8 to 16 lines, motif: " Poetry is the intellect colored by feelings" - Alexander Wilson

СЕМЕЕН СТЪЛБ

Майка ми е зодия близнаци -
с лекота превъплъщава роли,
без да е звезда от Холивуд.

Всякакви житейски ситуации
е преобразявала с годините
и не и е чужда дарбата
човешкото достойнство да запазва.

Трудностите на вдовица
я връхлитаха на средна възраст,
но не промениха нито външността й,
нито пък семейния й статус,
пазейки навярно идентичността ми
и своеобразния ми нрав.

Нашата опора е била,
чувството за ред и дисциплина
с нейния природен интелект,
без напълно да е осъзнавала
скритите послания на Словото.

С ловкост и пъргавина
в изпитанията досега -
шампионът ни по оцеляване.
Пожелаваме й да надхвърли и 100-те.

В планетарна антология LOVE THY MOTHER/ ОБИЧАЙ СВОЯТА МАЙКА, POETRY PLANET, 2020

FAMILY PILLAR

My mother is a zodiac sign Gemini -
easily reincarnates roles,
without being a Hollywood star.

She has transformed all life situations
over the years
she has talent
to preserve human dignity.

A widow's hardships overtook her in middle age,
but they did not change her appearance,
nor her family status,
probably preserving my identity
and my poetic pursuits.

She was the most devoted pillar
of the order and discipline
with her natural intellect
without fully realizing
the hidden messages of the Word.

She overcomes with agility and adaptable
the trials so far –
she is our survival champion.
We wish her to transfer a hundred years.

In planetary anthology for the mother LOVE THY MOTHER, POETRY PLANET, 2020

НЕНАСИЛИЕ

Първите хора бяха ловци. Днес сме природозащитници –
всичко зависи от нашето ненасилие - видовете
и ние да оцелем. Ние сме част от света.
Космосът е последната ни граница.

СРЕБЪРНА ЗВЕЗДА за принос в световната литература, GLOBAL LITERARY SOCIETY , конкурс № 16 , тема: „Ненасилие", четиристишие до 40 думи, до 10 думи на ред;
Вариант на стихотворението е в световна антология I CAN'T BREATHE, Кения, 2021

NON-VIOLENCE

The first people were hunters. Today we are environmentalists -
it all depends on our non-violence - the species and
we need to survive. We are part of the world.
The cosmos is our last border.

SILVER STAR award, GLOBAL LITERARY SOCIETY , WMPC # 16 , motif: NON-VIOLENCE, poem of four lines not exceeding ten words in a line and forty words as a whole, 2019;
A variant of the poem is in the world anthology I CAN'T BREATHE, Kenya, 2021

КОЛЕДА

По Коледа се случват чудеса – храстите в градината са ледени цветя.
Толкова красиви, че боя се да не ги стопи издишан вятър.
Чувам космическа музика, проблясва лъчист поток -
прави ни по-добри Рождеството на Бог.

СРЕБЪРНА ЗВЕЗДА, GLOBAL LITERARY SOCIETY – конкурс № 26, до 40 думи, тема: „КОЛЕДА"

CHRISTMAS

Miracles happen on Christmas - the garden bushes are icy flowers.
So beautiful, hopefully the exhaled wind don't melt them.
I hear cosmic music, a stream of light flashes
to make us better with the birth of God.

SILVER STAR. GLOBAL LITERARY SOCIETY , WMPC # 26, quatrain up to 40 words, Topic – CHRISTMAS

ФАНТАЗИЯ В БЯЛО

Лицата ни къде са -
студът ни предреши -
звучеше снежна меса
в безчислени уши.

И белота пространна
се възцари. И чух
прочувствени послания
до моя пламнал дух.

Хармония и болка
в акордите съзрях -
как виеха и молеха
вихрушки леден прах.

И виждах как прехвръкват
през преспите искри -
и въздухът бе църква
за бурята дори.

СЕРТИФИКАТ за отличен принос в литературата, BRAINBUD, конкурс № 4, тема „Зимно утро"

WINTER MORNING

Where are our faces -
the cold predetermined us -
a snowy music sounded
in countless ears.

And spacious whiteness
was reigned. And I heard
sensual messages
to my fiery spirit.

I found harmony
and pain in the chords -
swirls of ice dust
were howling and praying.

And I saw sparks flying
through the snowdrifts.
The air was a temple even for the storm.

CERTIFICATE for Excellent contributions to literature", BRAINBUD, Competition # 4, for Poetry, topic: "Winter Morning"

*

Curiosity
далечно пътуване
с луните на Марс

ЗЛАТНА ЗВЕЗДА, LITERATURE LOVERS' ASSOCIATION, конкурс № 18, хайку, само [5/7/5]

*

Curiosity
a long distance travelling
with the moons of Mars

GOLD STARS, LITERATURE LOVERS' ASSOCIATION, Competition № 18, haiku, [Only 5/7/5]

СЪБИТИЯ

Достойнството поисках да спася,
да счупя в мен ръждясалата котва –
как всичко е различно от часа,
за който мъдреците ни подготвяха.

Не чувах суетливите лъжи,
макар с уши отворени за фалша –
стената в плен все още ни държи
и всяка волна песничка я плаши.

Не може вкупом нищо да ни спре,
велик е този полет на скорците –
синее в нас небесен акварел
и хорът ни люлее висините.

СИНЬО ПЕРО, Поетично обединение POEMarium, конкурс № 65 за стихотворение от 8 до 16 реда, тема: „Певец/пойна птица/песнопоец"

EVENTS

I wanted to save the dignity,
to break the rusty anchor in me -
how everything is different from the hour,
for which the sages prepared us.

I didn't heard the fussy lies,
though with ears open to the falseness -
the wall still holds us captive
and every gusty song frightens her.

Nothing can stop us,
so glorious is this flight of the songsters
the celestial watercolor is free in us
and our choir swings the heights.

BLUE QUILL, POEMarium Poetic Association, competition № 65 for a poem from 8 to 16 lines, theme: "Singer "

ДОБРОДЕТЕЛ

Звездни импулси вдъхновяват съзнанието.
Потоци виделина намират утринни посоки.
Чувам как враждебността изчезва.
Добродетелта е пътят към Бог.

БРОНЗОВА ЗВЕЗДА, LITERATURE LOVERS' ASSOCIATION, конкурс № 68, тема: „ДОБРОДЕТЕЛ", стихотворение до 24 думи

VIRTUE

Star impulses inspire the consciousness.
Streams of vision find morning directions.
I hear ours hostilities disappear.
The virtue is the way to God.

BRONZE STAR, LITERATURE LOVERS' ASSOCIATION, Competition № 68, poem till 24 words, Theme: Virtue

ТРАКИЙСКИ ЗЕМИ

слънчев ритуал
повдига долината
птичите ята далечни колесници
преместват хоризонта

В ТРЕТАТА АНТОЛОГИЯ НА СВЕТОВНОТО ГОГЬОШИ, 2021

THRACIAN LANDS

solar ritual
raises the valley
the bird flocks fly
distant chariots
are moving the horizon

In THE THIRD ANTHOLOGY OF WORLD GOGYOSHI, 2021

ПРИБОЙ

Трептящата ми същност предусети ковачницата на света къде е.
Хвърчат искри. Изгарят ме комети. Илюзия среднощна ме владее.
Откъсвам се. Разплисквам се. Изригвам. На порива принадлежа изцяло.
И се възвръщам. Вечен. Приповдигнат. С просветнали от обич дух и тяло.

БРОНЗОВА ЗВЕЗДА, GLOBAL LITERARY SOCIETY, WMPC-13, Тема - УСТОЙЧИВОСТ, стихотворение от четири реда, които не надвишават десет думи в ред и до четиридесет думи, 2019

SURF

My flickering essence feels the forge of the world.
Sparks are flying. Comets burn me. Midnight illusions rules me.
I belong to the impulse entirely - splashing plasma ocean.
I keep coming back. Raised. With enlightened spirit and body.

BRONZA STAR AWARD, GLOBAL LITERARY SOCIETY , WMPC-13, Topic – PERSEVERANCE, poem of four lines not exceeding ten words in a line and forty words as a whole, 2019

ТРАНСФОРМАЦИЯ

Обикнах нощната картина
на хълма призрачно красив –
далеч оттук ако замина,
сърцето ще я възкреси.

Обикнах блесналите бездни
на утринния сняг и дим -
завинаги ако изчезна,
плътта им ще ме прероди.

Обикнах слънчевите мрежи
на тази прелестна игра -
все някой ще ме забележи,
по склона ако заискря.

Око на птица ще вторача
в учудения небосвод
и леко ще отлитна в здрача
на своя следващи живот.

ТРЕТА НАГРАДА в „Първи световен конкурс за поезия на вестници и телевизии“, 2020, Китай, проведен от The International Journalists Association, World Newspaper, World Daily, World Television, World Satellite TV, World Live Television, World News и World Toutiao, Китай;

ЧЕРВЕНО ПЕРО, POEMarium,Poetic Parley-52, тема: „Поетично вдъхновение”, от 8 до 16 реда;

В антология на съвременната световна поезия, ATUNIS GALAXY ANTHOLOGY, 2021

TRANSFORMATION

I loved the midnight picture
on the wonderful ghostly hill.
If I'll go far from here,
my heart will raise it up.

I loved the glittering abysses
of the morning snow and smoke.
Forever if I'll disappear,
their flesh will reborn me.

I used to love the solar nets
of this adorable game.
I hope someone will notice me,
if I'll spark on that hill.

I'll stare with the eyes of bird
in the astonished vault of sky
and I'll fly slightly into the dusk
into my next life.

THIRD PRIZE in The First "World Newspaper Poetry TV Competition", 2020, China, conducted by om the International Journalists Association, World Newspaper, World Daily, World Television, World Satellite TV, World Live Television, World News u World Toutiao, China; RED QUILL, POEMarium, конкурс № 52, Motif: „POETIC INSPIRATION", from 8 to 16 lines;,
In ATUNIS GALAXY ANTHOLOGY, anthology of contemporary world poetry, 2021

ИЗДЪЛБАНО НА КАМЪК

По-свидна си от блясъка на нож,
любов, небесен блян те е целувал -
избликва цялата вселенска мощ,
прозвънва празнично, прочувствено.

Тотем. И порив. И мистичен дим
да превъзмогнем битието
и тътен тътне в нас неудържим.
Неистови звезди ни светят.

Предел на мъжеството ми си ти.
И сладка смърт. И смърт горчива.
И сетивата ми размиват
със светлопис изконните врати.

SONGS OF PEACE: THE WORLD'S BIGGEST ANTHOLOGY OF CONTEMPORARY POETRY 2020. League of Poets, 2020 „ПЕСНИ ЗА МИРА": НАЙ-ГОЛЯМАТА СВЕТОВНА СЪВРЕМЕННА ПОЕТИЧНА АНТОЛОГИЯ, Лига на поетите, 2020;
„Най-добри писатели в света Temirqazyq - 2019" на WORLD NATIONS WRITERS' UNION / СЪЮЗ НА ПИСАТЕЛИТЕ НА ОБЕДИНЕНИТЕ НАЦИИ – втора награда;
В антология 'GALAMSHAR ADEBIETI - GLOBAL LITERA', WORLD NATIONS WRITERS' UNION

EXCAVATED ON A STONE

You are more precious than the glitter of a knife,
my love, heavenly dream had kissed you -
erupts all the universal power,
it sounds festive, sensual.

Totem. And a rush. And mystical smoke
to overcome being
and a rumbling rumbles in us unstoppable.
Unusually bright stars shine over us.

The limit of my manhood are you, my love.
The peace that is above pain and death.
And my senses blur
in luminous letters the fateful doors.

SONGS OF PEACE: THE WORLD'S BIGGEST ANTHOLOGY OF CONTEMPORARY POETRY 2020, League of Poets, 2020;
WORLD NATIONS WRITERS' UNION, the Temirqazyq - Best Writers of the world Contest 2019, THIRD PRIZE;
In the anthology 'GALAMSHAR ADEBIETI - GLOBAL LITERA', WORLD NATIONS WRITERS' UNION

*

В архитектониката
на стиховете
преобразявам света -
съпреживявам катарзис,
отдаденост към любовта.
Бог ми помага
по законите
на красотата.

ЗЛАТНА ЗВЕЗДА, LITERATURE LOVERS' ASSOCIATION, конкурс № 89, тема: „Преданост", стихотворение до 24 думи

*

In the architectonics
of the verses
I transform the world -
I experience catharsis,
devotion to love.
God helps me
with the laws
of beauty.

GOLD STAR, LITERATURE LOVERS' ASSOCIATION, Contest # 89, Topic: "Devotion", poem till 24 word

*

Бог Отец е създателят на Вселената.
Божия сила движи галактиките.
Бог е любов, светлина и избавление.
Бог е близо до всички, които го призовават.
Бог е нашата благословия.
Божията любов ни възвисява.
Да почувстваме Бог със сърцето си!
В международна съвместна антология

"THE BLESSED TRINITY: FATHER, SON & HOLY SPIRIT" / „СВЕТАТА ТРОИЦА: ОТЦА, СИНА И СВЕТИЯ ДУХ", Индия, 2021

*

The Holy Father is the creator of the universe.
God's power moves galaxies.
God is love, light and deliverance.
God is close to all who call on him.
God is our blessing.
God's love exalts us.
Let's feel God with our heart!

In International Collaborative Anthology " THE BLESSED TRINITY: FATHER, SON & HOLY SPIRIT", India, 2021

ВМЕСТО ПОСЛЕСЛОВ / INSTEAD AFTERWARDS

ВИБРАЦИИ

Стоянка Боянова & Минко Танев
Стоянка
Навярно Бог те е изпратил
да те обичам, както никога не съм обичала,
да ме обичаш, както никога преди,
за да преливат представите с любов,
за да се вдигат вибрациите на Земята.

Минко
Възвишена. Мираж почти.
През погледа за миг премина.
И няма как да откънти
с ефирни стъпки на богиня.

Стоянка
Ти ме целуна на върха на хълма
и мракът розов ни обгърна.
От слънцето и тебе всичко свети в розово.

Минко
И всички струни в мен искрят
в съзвучията на безкрая -
със словеса да я извая
над земния живот и смърт.

Стоянка
Прозрачен си
и аз навярно съм прозрачна.
През нас протича светлина.

Минко
И силата на приливна вълна
почувствах в твоя порив -
и здрачът истинското ми лице позна,
издигна ме нагоре.

Стоянка
Интуицията ми подсказва, че ще бъдем заедно
в избрано от Бога време на Земята.

Минко
Сърцето ми изпълни звездна кръв -
пламти безкраят влюбен
и хиляди слънца над нас искрят,
за да не се изгубим.

В планетарната антология THE WAY WE WERE /"ПЪТЯТ, НА КОЙТО БЯХМЕ", POETRY PLANET, Полша, 2020;
НАГРАДА „КУПИДОН" за съвместно стихотворение, POETRY PLANET, Cupid Award, 2020

VIBRATIONS

Stoianka
Maybe God sent you
to love me as never before,
to love you as never before,
to overfill we spaces with love,
to raise up vibrations on Earth.

Minko
You passed for a moment in sight.
Mirage almost. Spectacular.
And there is no way to reverberate
your ethereal steps of a goddess.

Stoianka
You kissed me on the top of the hill
and the pink darkness enveloped us.
From the sun everything glows in pink.

Minko
And all the strings in me sparkle
in harmony with the infinite -
with words to sculpt you
above earthly life and death.

Stoianka
You're transparent,
and I'm probably transparent.
Mystic light is flowing through us.

Minko
I felt the tidal wave power
in your urge.
And the dusk recognized my true face,
lifted us up.

Stoianka
My intuition tells - we will be together
in God-chosen time on the Earth.

Minko
Stellar blood filled ours hearts -
the infinitude flames in love,
thousands of suns sparkle over us,
so we don't get lost.

In planetary anthology THE WAY WE WERE, POETRY PLANET, 2020; CUPID AWARD for a collaborative poem, POETRY PLANET, 2020

www.ingramcontent.com/pod-product-compliance
Lightning Source LLC
LaVergne TN
LVHW091510170726
843492LV00001B/428

* 9 7 8 8 1 8 2 5 3 6 9 8 2 *